AF644874

CONTRA-BASS

**Bildnachweise**

Titelfoto: Mitglieder des Maquis in *La Tresorerie,* Boulogne, Frankreich. Das Foto ist gemeinfrei, Photograph Donald I. Grant, kanadischer Soldat, aufgenommen am 14/9/1944

Seite 6: Foto von Anne Beaumanoir. Das Foto ist gemeinfrei, der Autor unbekannt. http://db.yadvashem.org

Rückseite: Verlagsarchiv

Dritte, unveränderte Auflage 2025
Ausstattung, Herstellung und ©:
Literarischer Verlag Edition Contra-Bass Hamburg
Homepage: www.contra-bass.de
E-mail: contra-bass@orange.fr
Druck+Einband: Imprimerie Clément ZA Pouchonnet
F 30120 Avèze
ISBN 978-3-943446-41-8


Das Original erschien 2009 unter dem Titel
"Le Feu de la Mémoire"
in der Editions Bouchène ISBN 978-2-35676-014-2.

Anne Beaumanoir

# Wir wollten das Leben ändern

## Band 1
## Leben für Gerechtigkeit
## Erinnerungen 1923 – 1956

Übersetzung aus dem Französischen von Gerd Stange

Für Jane, Amidou, Marissa, Félicie, Paula, Pedro und Lena
mit meinem Wunsch, dass sie folgende Worte von
Ryszard Kapuszinski nie vergessen mögen:

*„Drei Plagen sind es, die unsere Welt bedrohen.*

*Primo, die Plage des Nationalismus.*

*Sekundo, die Plage des Rassismus.*

*Tertio, die Plage des religiösen Fundamentalismus.*

*Drei durch dasselbe Merkmal,*
*denselben gemeinsamen Nenner vereinte Seuchen:*

*die umfassendste, aggressivste und allmächtigste Irrationalität."*

*Menschen sind keine Krebse:*

*Ihre amputierten Glieder wachsen nicht von allein nach."*

Paul Nizan

Im Alter mögen uns Verhaltensweisen von damals widersinnig erscheinen, wie Jugendsünden, obwohl sich uns zugleich der Gedanke aufdrängt, dass unter ähnlichen Umständen und in derselben Umgebung alles genauso ablaufen würde wie „in der alten Zeit". Seiten von Zwangsläufigkeit vermischt mit Seiten der Freiheit.

Was erzählen Erinnerungen? Was bringen meine anekdotischen Memoiren zur Beantwortung drei meiner Fragen:

Wie folgten die Ereignisse aufeinander, dass ich mich unter denen befand, die an einem Septembermorgen 1944 auf die Ankunft von General De Gaulle in den Salons der Marseiller Präfektur warteten?

Auf diese Frage werde ich im vorliegenden ersten Band eingehen: **Leben für Gerechtigkeit**.

Wie folgten die Ereignisse aufeinander, dass ich mich unter denen befand, die an einem Septembermorgen 1962 Mitglied in einem Ministerium der ersten postkolonialen Regierung Algeriens wurden?

Wie folgten die Ereignisse aufeinander, dass ich mich unter denen befand, die von den Anführern des Militärputsches verjagt wurden, der im Juni 1965 die erste algerische Republik stürzte?

Diese beiden Fragen sollen dann im folgenden Band 2 meiner Rückschau beantwortet werden: **Leben für Freiheit**.

Anne Beaumanoir ca. 1940

# Kindheit

Wir wohnten in einem kleinen, an den Hang gebauten Haus. Der Garten lag auf der Höhe der ersten Etage, das Küchenfenster ging zu den Kohlköpfen. In diesem Raum lebten wir, das Wohnzimmer wurde nur gelegentlich benutzt. Das Badezimmer war nicht dafür gedacht, sich zu waschen. Meine Eltern hatten dort Friseurbecken aufgestellt, das Schmutzwasser wurde in Eimer entleert. Mitten im Raum thronte ein Zinkrohr, das mit Wasser gefüllt wurde, so dass Krüge, von denen mindestens einer ständig auf dem Herd am Köcheln war, über den zu waschenden Köpfen entleert wurden.

Vor der abendlichen Dusche spielten wir auf dem Flur Familien-Fußball. Die Tür vom Eingang und die zum Elternschlafzimmer waren die Tore. Mein Mutter und ich auf der Schlafzimmerseite wechselten uns als Torwart ab, mein Vater stand uns beiden gegenüber. Das Spiel endete mit dem zehnten Treffer ins Tor, dann seufzte meine Großmutter lautstark und verkündete, dass die Mahlzeit seit Stunden fertig sei. Trotz ihrer Ordnungsrufe machten wir manchmal mit einer anderen Kampfpartie weiter, bei der es darum ging, wer es schaffen würde, ein Knie des Gegners auf den Boden zu drücken. Klar doch, die Eltern schummelten. Diese ganze Inszenierung war nur der Vorwand für eine Reihe von Küsschen.

Das Dachboden-Spielzimmer, mein Schlafzimmer und das von Oma lagen zum Garten hin im ersten Stock, zur Straße jedoch im zweiten. Aus unseren Fenstern blickten wir auf die Metallbrücke im Stil Eiffel, deren Bauteile einen Schmiedegesellen hierher brachte, auf den die hübsche Marie-Josèphe aufmerksam wurde. Er heiratete sie in der ersten Woche des zwanzigsten Jahrhunderts und verließ sie, Mutter von drei Töchtern, fünf Jahre später wieder, von der Schwindsucht dahingerafft.

Die Brücke überspannte den Fluss *Arguenon*, der bei Hochwasser fünfhundert Meter breit war, aber die meiste Zeit aus zwei Furten bestand. Wir Kinder durften an seinen Gestaden spielen, die von der Flut aufgegeben worden waren, die grauen Garnelen im Fluss fischen und die kleinen grünen Krabben, die *Catacos*, unter den Bogenpfeilern der Brücke. Welch ein Vergnügen! Am liebsten folgte ich meiner Mama beim Fischen mit den Füßen nach Muscheln und Krebsen, nach allem was im Tang, in den Pfützen mit Brackwasser und dem grauen Sand lebt. An den Flussrändern entlang begaben wir uns vor die Strände von *Vauvert*, etwas weiter als die Ruinen des Schlosses von *Gilles de Bretagne*. Ich kannte die Geschichte dieses adligen Schürzenjägers. Seinen Eskapaden verdanken wir den Ausdruck „den Frauen nachstellen". Ich war ein wenig stolz darauf, obwohl es mir lieber gewesen wäre, er hätte sich nicht als Gauner, sondern auf andere Weise ausgezeichnet. Mama war beim Fischfang sehr stark, sie kratzte, stöberte und sammelte ohne Pause.

Diese Liebe zu den Gestaden, ihren Schätzen und ihrer Schönheit habe ich geerbt. Die schönsten Augenblicke von Freude und Glück mit meiner geliebten Tochter waren beim Fischen im Garten des Meeres, wie sie poetisch die Gestade von *Quatre-Vaux* und *Freynaye* nannte, als sie noch eine ganz kleine Myriam war. Wenn wir mit Mama bis nach *Baye* oder unterhalb vom Strand *La Banche* in *Saint-Jacut* fischen wollten, nahmen wir das Fahrrad. Ich hatte immer ein Fahrrad, solange ich denken kann. Das erste Dreirad hatte keine Pedalen, sondern bewegte sich vorwärts durch Gehen im Sitzen. Ich habe sehr schnell dieses nicht vollendete Gerät fallen gelassen, weil es mir, der Tochter eines Rennradfahrers, unwürdig schien. Ich hatte ein völlig anderes Verhältnis zu dem richtigen Fahrrad, das mir mein Vater zu meinem fünften Geburtstag baute.

Dieser Geburtstag war ein ganz besonderer durch die Versöhnung meiner beiden Großmütter. Die Mutter meines Vaters verzieh ihm endlich die Ehe mit *einem Mädchen, das nichts hatte*. In Wirklichkeit hatte es mich, denn ich wurde geboren, bevor mein Vater das Erwachsenenalter erreicht hatte, das heißt einundzwanzig Jahre alt wurde, und endlich seine Geliebte und Mutter seiner Tochter heiraten konnte.

Während dieses Geburtstages war ich auf dem Wege der Genesung. Ich hatte eine Meningitis. *Sie hatte sterben sollen, aber sie ist wie vorher*. Manche fügten hinzu: *Gott sei gelobt*. In meiner Familie schrieben wir Heilungen nicht der Gnade Gottes zu, sondern der Kompetenz, dem Wohlwollen und der Güte des Arztes. Er kam übrigens auch zum Fest. Ich weiß nicht, wie lange mein Koma gedauert hat. Hingegen kann ich immer noch ohne große Anstrengung das Erwachen in meinen Muskeln, Gelenken, Lungen und in meinem Kopf wiederfinden. Das Gehör folgte den anderen Empfindungen des Körpers und der Haut. Ich hörte meinen Vater *„Sie lebt. Marthe, sie lebt"* mit schwacher, verwirrter, aber sehr sehr sanfter Stimme sagen. Dann sah ich sie dort, ganz nah, sie küssten einander, weinten still und lächelten dabei. Mein Vater nahm mich auf den Arm, sie wiegten mich, streichelten mich. Ihr Blick voll unendlicher Liebe nährt mich bis heute, wo ich doch schon eine Greisin bin.

Wir waren glücklich, meine Oma lebte mit uns, wir nannten sie Mutter *Brunet*. Sie war eine ganz kleine Frau mit netten, aber nicht übertriebenen Rundungen, sie war verschmitzt und freundlich. Wir liebten uns. Wir beiden hatten unsere kleinen und großen Geheimnisse. Wir tanzten Polka und Walzer in der Küche, wenn die Klänge vom Ball in der benachbarten Bar zu uns drangen. Von weit her gingen die jungen Leute zum Tanz bei der Brücke, dem *Pont de Guildo*[1].

1 AdÜ: Anne Beaumanoir ist in *Le Guildo* geboren. Der Ort *Le Guildo* liegt an der bretonischen Küste Côtes-d'Armor und gehört heute zu *Saint-Cast-le-Guildo*, damals zu *Notre-Dame-du-Guildo*. Er liegt an dem Fluss *Arguenon*, über den 1906 eine Eisenbahnbrücke eingeweiht wurde, deren Metallstrukturen denen vom Eiffel-Turm ähneln. 1974 wurde die Brücke ersetzt.

Die Mädchen kamen oft auf der Fahrradstange ihres Liebhabers angeradelt. Manch eine wurde von ihren Eltern begleitet, aber das war eher selten. Meine Großmutter mochte die Knirpse nicht, sie zog die Seemänner vor, die sich benehmen konnten, womit sie die meinte, die nicht tranken. Einige gab es sogar.

Unsere Glanzleistung war ernsthafter. Kaum konnte ich flüssig lesen, da beschlossen wir Omas Alphabetisierung. Wir lachten und kicherten viel unter der Decke, denn die Schule fand im Bett statt. Ich bin darüber immer noch begeistert. In wenigen Monaten hatte Oma das Niveau erreicht, also meines. Sie las und schrieb. Was für ein Abend war das, als sie der kleinen sprachlosen Marthe den Zettel überreichte, auf dem sie mit meiner Unterstützung geschrieben hatte: *Ich habe Suppe mit Kartoffeln und Lauch aus dem Garten bereitet.* Wir warteten auf meinen Vater, dem sie eine Lektion aus dem Wörterbuch vorlas. Wir freuten uns alle mit ihr. Am nächsten Sonntag gingen wir zu viert im Restaurant essen. Oma las mit Mühe, aber stolz *Hotel Excelsior*.

Fünfundzwanzig Jahre später saß ich an ihrem Bett. Sterbend bat sie mich, ihr den Titel des Buches vorzulesen, an dem ich mich festhielt. Es war *Zero und Unendlich*[2] von Koestler. Sie wollte es von nahem sehen. Sie zeigte mit ihrem ausgemergelten Finger auf das „Z" im Titel. Mit einem angedeuteten Lächeln, in dem sich eine große Sanftheit und doch auch ein bisschen Schalk ausdrückte, sagte sie mir um Nachsicht flehend: *An diesen Buchstaben hab ich mich nicht mehr erinnert.*

Als ich klein war, habe ich verlangt, dass sie mir ihr Leben erzählt. Die *Lucas* waren elende Bauern, die ihre Familie nicht ernähren konnten. Oma war das letzte von fünf Kindern. Sie erinnerte sich nicht mehr genau an ihren Vater, *ein brutaler Kerl* sagte sie. Sie dürfte fünfzig Jahre alt gewesen sein, als sie beim Erzählen entdeckte, dass sie von ihrer Mutter niemals

---

2 AdÜ: Deutscher Titel: *Sonnenfinsternis*

einen Kuss bekommen hatte. Sie fing still zu weinen an wie ein Kind, das an Schläge gewöhnt ist, während ich zwischen zwei Umarmungen schluchzte. Sie sprach nicht von ihren Geschwistern. Sie waren alle Knechte, auseinandergerissen, vergessen, gestorben. Vielleicht gab es sie nicht. Sie wurde als Kuhhirtin zu den *Pigeons*[3] gegeben, *Reiche*. Meine Oma hatte als Kind nie ein Bett, sie schlief nach einer Schale Suppe im Stroh. Ihr Lohn: jedes Jahr ein Paar Holzschuhe und abwechselnd im ersten Jahr eine Kapuze und Strümpfe und im folgenden Jahr eine Jacke und einen Rock. Sonntags nach der Messe, denn die gierigen Täubchen waren fromm, aß sie mit der Familie. Oft gab es *peus*, einen in Wasser gekochten Klops Buchweizen mit ein wenig Schwein. Sie trug keine Unterhose, was mich total schockierte. Eines Abends sagte sie zu mir: *Weißt du, bis ich aus Corseul wegging, mochte ich nur Kühe. Ich hatte Hunger, also habe ich manchmal eine mit dem Mund gemolken.*

Es fiel mir schwer, mir ihr Leben, das von allen Glücklosen, vorzustellen. Ich sagte mir, dass es damit vorbei war, obwohl es in der Schule Arme gab wie die Schwestern D., die ihre einzige Kuh am Wegesrand weiden ließen. Aber sie hatten wenigstens Unterhosen, aßen Brot und gingen zur Schule. Oma hatte Recht: *Das ist heute eine andere Zeit.*

Kapitän Charles hatte eine Tochter, Mado, *eine Schönheit*. Ich zog ihr Fernande vor, das Mädchen aus dem *Hotel der klingenden Steine*. Eine kleine Blonde mit vielen Locken. Sie trug ausgeschnittene Halbschuhe. Der Klang ihrer Stimme war kristallklar, außer wenn sie mit ihrer Mutter stritt. Sie gab mir Klavierunterricht. Ich fand, dass sie sehr gut spielte und insbesondere wenn der Sohn des Zöllners die Seiten wendete. Er war nur in den Ferien da. Er studierte Jura. Ich beobachtete ihn von meinem Fenster aus, wenn er nachhause kam. Er trug

---

3 AdÜ: Pigeon= Taube

eine Kapuze, die Fernandes Mutter eine *Houppelande*[4] nannte. Ich träumte davon, neben einem Mann mit ähnlich stattlichem Aussehen zu schreiten, wenn ich erwachsen wäre.

Mado war es, die mir eine Gelegenheit verschaffte, meine frühreife Revolte gegen Ungerechtigkeit und Diskriminierung auszudrücken: Ich muss sechs oder sieben gewesen sein. Die Familie von Kapitän Charles war mit der von Madame, unserer Volksschullehrerin, liiert, der Witwe eines Offiziers der *Marchande*. Dieses Schiff war mit Mann und Maus auf der Höhe von Island untergegangen. Madame kam manchmal zum Abendessen mit einem Paar pensionierter Lehrer zu uns, die wenig präsentabel waren, weil Kommunisten. Wenn sie mich bei diesen Treffen mit Küsschen und Streicheleien überhäufte, fühlte ich mich unwohl, ohne dass ich wagte, ihr meine Gedanken zu offenbaren, die mich an Situationen in unserer Einheitsklasse erinnerten, wenn eine unserer beiden *Germaine*, die große, an die Tafel gerufen wurde.

Eines Tages während der Schule hatte Mado Madame zu ihrer Hochzeit eingeladen, wodurch sich unsere Pause ein wenig verlängerte. Als die Verlobten aus ihrer Wohnung gingen, riefen sie mich zu sich. Sie wollten mich an die besondere Ehre erinnern, mit *Romain*, diesem einfältigen Jungen, der im größten Haus unseres Markfleckens wohnte, die Schleppe der Braut zu tragen. Um ihnen zu beweisen, dass mein Chiffon-Kleid dem Matrosenanzug meines Kavaliers ebenbürtig sei, beschrieb ich es ihnen, doch unterbrach mich der Verlobte abrupt und sagte, als läge das auf der Hand: *Du magst Madame sehr gern.*

Bei dieser Behauptung erstarrte ich vor Schreck und erwiderte arglos: *Nein, ich mag sie nicht… Sie zieht Germaine Bouleau an den Zöpfen, während sie zu Germaine Cochet nichts sagt, obwohl die auch viele Fehler macht.*

---

4 AdÜ: Mittelalterliches Gewand, im Deutschen üblicher: Tappert

Da die Stille andauerte, fügte ich abschließend hinzu:

*Das ist böse, und es ist ungrecht.*

Man kann sich denken, welches die Tochter des Bürgermeisters war. Wenn ich zögere, Widrigkeiten die Stirn zu bieten, um eine Sache zu vertreten, die mir gerecht erscheint, rufe ich mir diese Szene in Erinnerung und handele so, dass ich die Tochter von Marthe und Jean, meinen Eltern und Erziehern, nicht verrate, die ich an jenem Tag war.

*Das ist unmöglich, unsere Kleine dort mit den Lockvögeln spielen zu lassen.*

Das war Oma. Sie protestierte gegen die Erziehung meiner Eltern. Die Kleine bin ich mit sieben oder acht. *Zigeuner, ich bitte Sie Mama*, korrigierte mein Vater sie freundlich. Das geschah vor der *Marie-Rose*-Sitzung. Entschlossen wartete Oma mit dem Läusekamm bewaffnet auf das Ende der Shampoo-Sitzung, um zur Tat zu schreiten. Die Haare dieser *Tiereigentlichen* (= *eigentlich sind sie Tiere*) beherbergten nicht zwangsläufig Parasiten, aber niemand *nicht einmal der Papst* hätte meine Großmutter davon abbringen können.

Ich hatte eine gute Freundin in dieser *Tiereigentlichen-Sippe*. Ihren Vornamen habe ich vergessen. Rothaarig funkelte sie in dem dunkelhäutigen Schwarm von Kindern aus den Planwagen. Sie mochte meine Oma sehr gern, die sie verwöhnte, allerdings unter der Bedingung, dass sie ihren Kopf nicht an meinen lehnte. Die Tiereigentlichen, das war der Zirkus. Die Artisten waren vielseitig, die ganze Familie trat auf, vom Großvater und Chef bis zum jüngsten Kleinen, der gerade drei Schritte machen und eine Pirouette drehen konnte. Die Großmütter und Mütter waren *Schrott*, aber meine Freundin, *die Rote*, war ein Star. Außerdem arbeiteten noch ein Bär und zwei Affen. Vor dem Bären hatte ich große Angst, nachdem ich einen seiner Wutanfälle miterlebt hatte, während man ihn an der Hafenböschung säuberte. Die Makaken-Affen hatten auch Angst vor ihm. Mein Zusammensein mit ihnen auf der Uferstraße in *Le Guildo* hat mir jedoch ermöglicht, ohne große Befürchtungen in die Tierabteilung des neurophysiologischen Laboratoriums zu gehen, in dem ich ein viertel Jahrhundert später arbeiten werde.

Die ganze Truppe stapelte sich in drei Planwagen. Die Pferde, die sie zogen, halfen beim Aufbau des Zirkuszeltes, das kaum größer als der Sonnenschirm einer Garten-Party war. Die Tiereigentlichen traten im ganzen Kanton auf, vielleicht sogar im ganzen Departement. Außerhalb der Saison nahmen sie Quartier auf der Uferstraße nahe der Werkstatt *Fahrräder und kleine Landmaschinen* meines Vaters. Ich weiß nicht mehr, wie ich die Freundin der *Roten* wurde, aber ich weiß, dass ich sie in jenem Winter ungeduldig erwartete.

Der Großvater der Tiereigentlichen hatte versprochen, mir einige Schlangenbewegungen beizubringen. Er hielt Wort. Ich durfte ein wenig an ihrem Leben teilnehmen. Meine fast körperliche Anhänglichkeit an meinen Campingbus der achtziger Jahre, das Vergnügen, mir für die Luxushotels der Wissenschaftskongresse zu schade zu sein und das wilde, manchmal auch städtische Zelten mit vorläufigem Nummernschild vorzuziehen, könnte von meinem häufigen Umgang mit dem Stamm der Tiereigentlichen herrühren. Opa ließ mich *arbeiten*. Nach einigen Wochen führte ich die Sprungfiguren mit mehreren Reifen fast genauso gut aus wie die Rote. Er übertrieb seine Komplimente, um seine Enkelin anzutreiben, die es eilig hatte, zum Ende zu kommen, um auf unserem Dachboden oder dem kleinen Strand zu spielen, den die Ebbe freilegte. Mein Vater redete häufig mit den männlichen Tiereigentlichen, er reparierte ihr Einrad für die Akrobatik und lieh ihnen seinen Home-Trainer. Die Frauen sagten, dass meine Mama und mein Papa die nettesten Menschen seien, die sie jemals getroffen hätten. Sie konnten nicht aufhören, uns zu segnen. Dagegen gefiel ihnen Kapitän Charles nicht so sehr, dessen Haus zur Uferstraße hin lag. Die Frauen stießen Verwünschungen gegen seinen Hund aus, der ein lieber sibirischer Samojede aus Neufundland war, als er den Welpen mitbrachte, der aber bösartig wurde, weil er weit vom hohen Norden entfernt in eine Garage gesperrt wurde. Dieses arme Tier, dem man in Abwesenheit seines Herrn nicht nahe kommen durfte, heulte pausenlos, sobald der Bär der Tiereigentlichen an die frische Luft kam.

Kapitän Charles befehligte einen Kabeljaufänger aus *Saint-Malo*, er war ein Herr. Unser Dorf brüstete sich damit, unter seinen fünfhundert Einwohnern drei Kapitäne von Kabeljaufängern, mehrere Oberbootsleute sowie einige kleinere Unternehmer zu zählen, deren Materialien übers Meer geliefert werden konnten. Frachtschiffe, die kürzer waren als die Yacht von *Tapie*[5] fuhren mit der Flut die Mündung des *Arguenon* hoch. Das Entladen wurde gemacht, wenn das Meer das Schiff auf einer Wasserlinie stabilisierte, die den Zugang zum Laderaum ermöglichte. Man musste zwischen Ebbe und Flut schnell sein. Welche Hektik an solchen Tagen. Oft sprachen die Matrosen kein Französisch, es gab Engländer, Schweden und manchmal Leute aus dem Süden… Portugiesen. Aber es gab auch Nachbarn aus *Cherbourg* oder *Nantes*.

Diese Öffnung zum Meer bewirkte, dass die Mädchen aus dem Hafen aufgeweckter waren als die Bauerntöchter, die auf die weltliche Schule gingen. Alle Familien mit Vermögen und die Pächter des Schlossherrn schickten ihre Töchter zu den katholischen Schwestern. Von den dreißig Schülerinnen unserer Schule kam die Hälfte vom Hafen, das heißt von den beiden Ufern des *Arguenon*. Es gab die Töchter der Matrosen, die auf große Fahrt gingen, die der Kabeljaufänger und die der Küstenfischer. Die Kinder von landwirtschaftlichen Betrieben

5 AdÜ: Ein skandalträchtiger Reicher von heute.

waren nur zwei oder drei, genauso viele wie die Töchter von Hofbediensteten. Ich konnte nicht anders als vorzugeben, ich sei satt, um zwei Schwestern, die zu jeder Jahreszeit in Holzschuhen kamen, meine 10-Uhr-Schokolade zuzuschieben. Ich rechnete aus, dass sie täglich einen Schulweg von mindestens acht Kilometern mit hohlem Bauch zurücklegten, wobei ihre Mahlzeit am Mittag sich oft auf einen dünn mit Butter bestrichenen Brotkanten beschränkte. Was für eine Ungerechtigkeit, welche Schande! Sie zumindest könnten lesen, während meine Oma im selben Alter, ohne mehr zu essen zu bekommen, schon als Kuhhirtin arbeitete. Oma hatte Recht, das Leben ändert sich, aber nicht schnell genug. Wir von der Brücke mussten auch viel laufen, wir mussten die *alte Küste* hochsteigen, um zum Marktflecken zu gelangen, zur Schule, zum Rathaus und zur Kirche mit dem Friedhof um sie herum.

Zur Kirche bin ich selten gegangen, außer in meinen beiden Wochen mit explosivem Mystizismus und um meine erste Kommunion vorzubereiten. Meine Mutter war eher dagegen, aber mein Vater weigerte sich, seinen Freund den Priester traurig zu machen. Der hatte sich gerade erst in seiner Gemeinde eingerichtet, als er schon die Einheitskerze für die feierliche Kommunion einführte. Er verbannte die Eiche aus Wachs, die zwei Männer trugen und die den Reichen vom Armen mit seiner bescheidenen Kerze unterschied. Diese revolutionäre Initiative gefiel meinen Eltern sehr, mir auch. In der damaligen Zeit in der Bretagne, wo wir lebten, war die Kirche sogar für jene, die nicht zur Kirche gingen, und selbst für die kleine Minderheit, die bei jeder Mahlzeit *den Pfaffen gefressen* hatte, eine Art Anker für die Identität unserer Dorfgemeinschaft. Der Ungläubige heiratete in seiner Kirche und taufte dort sein Kind. Erst nach dem Krieg konnte man an zivilen Bestattungen teilnehmen wie für die meiner Eltern, ohne dass der Geruch von Schande den Friedhof um die Kirche verpestete, der heute, fünfzig Jahre später, mangels Gemeindemitgliedern brach liegt.

Ich hatte eine Freundin, *Denise*, sie wohnte auf der anderen Seite der Brücke in dem Weiler, in dem ich geboren bin. Das ganze Dorf nannte ihre Mutter *die große Marianne.* Der Waschplatz schloss an ihr Haus an und machte aus ihm den Treffpunkt aller Frauen. Die Eltern von Denise hätten den Karikaturisten *Dubout* inspirieren können, sie trocken wie ein Knüppel, er der perfekte Moppel. Seine Bedeutungslosigkeit ging sozusagen über das Normalmaß hinaus. Er kam von der Handelsmarine, einem kleinen Küstendampfer, profillos, aber auch problemlos. Ich habe ihn nur schlapp in seinem Korbsessel dicht beim Herd und nicht weit vom *Cidre*[6]-Fass gesehen. Er redete nie, obwohl seine Lippen ununterbrochen zitterten. Hätte er die Anwandlung gehabt, irgendetwas auszusprechen, hätte die dröhnende Stimme seiner Frau ihn sofort verstummen lassen. Es gelang mir nicht zu glauben, dass dieses Individuum, das so weit von meinem Vater entfernt war, der Vater von Denise sein könnte, die sich ihm übrigens niemals näherte. Man sagte *er ist voll.* Ich habe es lange Zeit für Gespött gehalten und darauf hingewiesen, dass er sich nie vom Herd entfernte. Als ich größer wurde, bemerkte ich, dass viele Männer und sogar Frauen aus dem Dorf *voll* waren. Von einigen sagte meine Mutter, dass sie mehr zu bedauern als zu tadeln seien. Oft fügte sie hinzu: *Sie lieben nämlich ihre Kinder nicht. Welch ein Jammer!* Marianne erlebte ich barsch und wenig gefühlvoll mit Denise, aber ich wusste, dass sie *die Güte selbst* war. Sie war die großzügigste aller Frauen, als ich in einem Haus ohne Mann zur Welt kam.

Alle kannten meinen Vater Jean, niemand zweifelte an seinem Willen, die kleine Marthe zu heiraten, sobald er einundzwanzig war. Man wusste, dass er um ihretwegen auf den Besitz der *Beaumanoir* verzichtet hatte. Nur sie, die kleine Marthe war eine Sünderin, ein Mann, das versteht man, jedoch ein Mädchen: also wirklich! Man konnte das hinter vorgehaltener Hand sagen, aber niemals in Mariannes Anwesenheit,

6 AdÜ: Apfelwein

denn sonst hätte man auf das Waschhaus verzichten müssen, wenn man nicht lauter Anzüglichkeiten zum Opfer fallen wollte. Marianne war es, die mich der Gemeinde aufzwang.

Ich dürfte sieben, acht Jahre alt gewesen sein, als meine Eltern das Foto hinten aus der Geldschublade hervor holten, wo sie es versteckt hatten. Es war ihr Hochzeitsfoto. Mama trug kein langes Kleid und war dennoch hübsch. Man konnte meine Oma erkennen, die auf dem Kopf einen Topfhut mit Blumen trug, meine Tanten und Onkel, die Schwestern von Denise, Marianne und sogar ihren Mann. Und das hübsche kleine Mädchen dort in einem schönen Kleid mit einer kohlförmigen Schleife im Haar bin ich. Wir wollten so leidenschaftlich gern zusammen sein, dass Papa und Mama mich vor der Heirat bestellt hatten. Das hatten sie gut gemacht.

## Ein großes Mädchen

Das Verdikt folgte auf das Zertifikat. *Du bist ein großes Mädchen, wir werden uns trennen. Du kommst ins Pensionat. Das Collège*[7] *von Dinan.*

Die Pensionäre kamen aus einem Umkreis von dreißig Kilometern. Es gab die Mädchen aus dem *Argoat* und die aus dem *Amor*, wobei Erstere wegen ihres bäuerlichen Akzents von Letzteren gehänselt wurden. Wir mussten Kittel tragen, vorzugsweise schwarze. Die Direktorin hasste Phantasie, den Kragen mit von Mama gestickten Blümchen verabscheute sie, allerdings weniger als die weiß gepunktete Künstlerschleife, die sie von Lilianes Bluse abriss. Diese demütigende Ungnade war die Einleitung zur Freundschaft zwischen zwei Opfern von Mademoiselles Vorliebe für hochgeschlossene Kragen. Liliane putzte sich gern heraus und hatte insbesondere einen Bademantel, mit dem sie Neid erregte. Wenn sie vorbeiging, wurde hörbar getuschelt: *Mit dieser Mutter, die abgehauen ist, braucht sie gar nicht stolz zu sein.* Ihre Eltern waren nämlich geschieden. Eine Schande, was sonst. In unserer Gegend wurde nicht nur die Ehebrecherin mit Schande bedeckt, sondern ebenfalls alle, die ihr nahestanden, und natürlich ihre Kinder, vor allem die Mädchen, die zwangsläufig von dem teuflischen Virus befallen waren, der geil macht.

Alle zwei Wochen war ein Besuch zuhause in der Familie erlaubt. Meistens begleitete Liliane mich. Der Fahrer der armorikanischen Busgesellschaft fuhr uns spazieren: Er hielt in jedem Dorf, wo auf ein Kind gewartet wurde, das die Chance hatte, zur höheren Schule zu gehen, und nutzte die Pause, um eine Schale *Cidre* zu trinken. *Le Guildo* war fast die Endstation, was uns genügend Zeit verschaffte, Kommentare über die anderen Gymnasiasten im Bus abzugeben. Die Jungen stiegen durch die hintere Tür ein, die Mädchen vorn neben dem Fahrer. Kaum hatten wir die Stadt verlassen, stürzten zwei oder

7 AdÜ: Unterstufe des Gymnasiums, heute Mittelstufe für alle gemeinsam

drei von den Großen zu den hinteren Bänken, wo sie von den Jungs erwartet wurden. Unterdrücktes Lachen kam bis zu uns, ohne dass wir wagten, uns umzudrehen. Die Sextaner und Quintaner saßen vorn, Mädchen backbord, Jungen steuerbord, wobei letztere sehr viel zahlreicher waren. Ein Verhältnis von 1 zu 6 garantierte eine große Auswahl. Das Pech wollte, dass der mit dem ausgemergelten Gesicht, das von dunklen, lockigen Haaren eingerahmt wurde, womit er wie Johannes der Täufer wirkte, schon wenige Kilometer nach *Dinan* in *Trigavou* ausstieg. Sein Vater erwartete ihn mit einer Pferdekutsche, in die er einstieg, ohne sich umzudrehen. Jedoch gab es einmal eine kurze Kopfbewegung mit einem leichten Zucken von zwei Fingern. Ich hoffte, dass er sah, wie ich meine Nase gegen die Scheibe drückte.

In stiller Übereinkunft vermieden wir, den Schülern der religiösen Schulen ins Gesicht zu schauen, die wie wir, nur seltener, zu ihren Eltern fuhren. Trotz unserer Kontaktverweigerung fanden wir sie arrogant, wie sie in ihre Uniform gestopft waren, die sie nicht auszogen. Ich muss zugeben, dass ihre Jacke der Franziskaner mit den vergoldeten Knöpfen schick war, wohingegen der Mantel, die Mütze und die grauen Strümpfe der Mädchen von *Notre Dame de la Victoire* ganz ehrlich scheußlich waren und ihr Aussehen von Unschuldsengeln noch betonten.

Wir gingen auch in Uniform nach draußen, in einem marineblauen Mantel ohne vorgeschriebenen Schnitt und mit einem Hut, der jedes Jahr von der *Alten* erneuert wurde, die sich affektiert vergewissern musste, dass er gut zu ihren fünfzig Jahren passte. Wir schämten uns mit unserer Aufmachung in der Stadt, wenn wir in Zweierreihen schnurgerade zum Gymnasium *Chateaubriand* gingen, wo einige Kurse stattfanden.

Zum Glück schlief Mademoiselle früh ein. Zwischen 20 und 21 Uhr war Erholung vor dem Insbettgehen angesagt. Eine der Aufpasserinnen setzte sich ans Klavier, und zu den Klängen von *Tino Rossi* brachten die Großen den Kleinen Tango bei. Sachlich nüchterne Flirts verbanden und entbanden. Die Jüngere wurde zum Pagen wenn nicht gar zur Sklavin der Älteren, die sie erwählt hatte. Der stärkste Beweis für Ergebenheit gegenüber der Beschützerin bestand darin, dass wir uns auf dem Flur berührten, um ein Briefchen in die Tasche unseres Schwarms zu stecken, in dem wir beschrieben, wo wir uns beim nächsten Rendezvous treffen wollten. Es handelte sich dabei in der Regel um einen wortlosen Blickkontakt ohne Berührung, wenn wir uns beim nächsten Spaziergang oder in der Turnhalle begegnen würden.

Das hautnahe Zusammensein im Speisesaal sowie in den Räumen, in denen es ein Waschbecken neben dem anderen jeweils für drei Mädchen gab, und vor allem im Schlafsaal schuf zwischen uns Internen die Verbundenheit von Eingeweihten mit ihren Geheimnissen, die für die anderen Schülerinnen nicht mitteilbar waren. Im Unterricht waren wir solidarisch, auch wenn es im Internat Feindschaften gab. Dieser Gruppengeist ging mit der Zeit verloren und war in den Abschlussklassen nicht mehr angesagt, wo alle Kurse mit Jungen und Mädchen gemeinsam stattfanden. Ein Nebeneffekt, der der geringen Schülerzahl in den weltlichen Schulen unserer Region geschuldet war, die in den dreißiger Jahren noch stark von den Priestern beeinflusst wurde.

Meine Eltern zogen nach *Dinan* um. In der Sekunda würde ich extern sein.

Das war mein letzter Sommer in *Le Guildo*. Der Sommer des bezahlten Urlaubs. Sie kamen in Kleinlastern mit Fahrrädern auf dem Dach, andere hatten die Strecke auf dem Fahrrad tretend zurückgelegt, das Tandem war König. Die Frauen trugen *Espadrilles*, die sehr weit oben geschnürt wurden, und die Männer trugen Unterhemden mit Ausschnitt. Die aus dem Bummelzug *Plancoët-Saint Cast* stiegen, kamen als Familie, die Kinder im Sonntagsdress zeigten stolz Schaufel und Kescher.

Ihre weißen Socken hatten sich mit der Farbe des Qualms der Lokomotive verbunden, die sie in ungefähr zehn Stunden zu uns gebracht hatte. Wir bezeichneten sie mit dem Sammelbegriff *Pariser*. Der Blondschopf der *Singenden Steine*, wie meine Mutter ihn nannte, dem ich mein Fahrrad lieh, kam aus *Hénin-Liétard*, zum Glück gab es den Ort im Lexikon. Ich konnte über Minen und Halden reden und auf diese Weise all diesen Parisern zeigen, dass das Gänschen nicht aus *Le Guildo* kam. Das Blöde war, dass wir nicht genügend Zeit hatten, Freunde zu werden, bevor sie schon wieder abreisten. Niemals hat das Tal des *Arguenon* so schön geklungen wie in jenem Sommer. Jeden Abend fand ein Ball am Ufer statt. Ach, und der einfache Weißwein! Bühnen wurden aufgestellt, Gesangswettbewerbe im Radio und bretonische Ringkämpfe sowie Zeitrennen auf Hometrainern veranstaltet.

Es gab sogar eine Durchquerung des *Riaz* bei Hochwasser, die den erfahrenen Schwimmern vorbehalten war. Acetylen-Laternen waren auf kleinen Fischerbooten festgebunden, die zwei ebenfalls erfahrene Schwimmer auf einer Linie halten mussten. Sie markierten den Parcours. Ich bekam die Erlaubnis, auf das Schiff zu steigen, das die Rettungsschwimmer transportierte. Gleichzeitig ängstlich und zuversichtlich suchte ich in den Lichtstrahlen, die auf der Wasseroberfläche wallten, den lieben Blondschopf meines Freundes. Vergeblich. Er war der erste, der ins Rettungsboot gehoben wurde. Ebenso verärgert wie er milderte ich meine Enttäuschung, indem ich ihm den Rücken trockenrieb.

Mein Vater bekam oft Besuch. Alle mussten ihr Fahrrad selbst zusammenbasteln und dafür einen Experten befragen, dessen Firmenschild anzeigte, dass er Rennradfahrer war und an der *Tour de France* teilgenommen hatte. Der größte Teil der Werkstatt war leergeräumt worden, wodurch Raum für ein Forum entstand, auf dem nicht nur über die Tour und unsere Champions *Leduc* und *Magne* geredet wurde, sondern auch über die siegreichen Kämpfe von *Blum* und *Thorez*, deren Parteigänger sich begeisterten, wenn von *Bilbao* die Rede war.[8]

Der *Caiffa* (von Kaffee) stellte sein Lieferdreirad neben der schwarzen Kasse ab, die mit exotischen Bildern geschmückt war, die vom Leben der Kaffeepflanzer erzählten, und beteiligte sich an den improvisierten Versammlungen. Ich lauschte diesem Koloss mit offenem Mund, der versuchte, die Hausfrauen zu verführen, indem er mit seinem Megaphon verkündete: *Sieh da der Caiffa. Er ist für dich da mit Planteur-Kaffee, Menier-Schokolade, Banania-Kakao und anderen* Süßigkeiten. In den Diskussionen blieb er ruhig und gliederte seine Ausführungen über die Priorität des antifaschistischen Kampfes mit *man muss die Lage analysieren.* Unter den Zuckerstangen aus Gerstensud verbarg er die Werke seiner geistigen Vorbilder. Eines Tages, als ich versuchte, darauf einen Blick zu werfen, wedelte er mit einem Band vor meinen Augen, dessen italienischen Titel ich nicht lesen konnte. Obwohl ich noch ein Kind war, begriff ich durch diese blitzschnelle Ansicht, warum man vor *Mussolini* eher Angst haben sollte, wie der *Caiffa* es vertrat, als über ihn zu lachen. Ich war zwölf, aber er sprach zu mir wie zu einer Erwachsenen, und ich hörte ihm zu wie einem Meister, was er wahrscheinlich auch war…

Seit diesem Sommer 1936 werden alle Ereignisse, die den ruhigen Lauf oder die Stürme der Geschichte bestimmen, mich niemals unberührt lassen.

Der folgende Sommer war weniger bewegt und weniger fröhlich. Ich verbrachte ihn in *Saint-Cast*, das – ohne mit *Dinard* konkurrieren zu können – damals noch ein namhafter Badeort an der *Smaragd*-Küste war: Gymnastik, Bäder, Segeln, Krocket und die ersten Ausgeherlaubnisse bis zehn Uhr, die Zeit der Promenaden in festlicher Kleidung auf dem Deich.

---

8 AdÜ: Blum und Thorez waren die Anführer der Volksfront in Frankreich. Das Baskenland war republikanisch und widersetzte sich Francos Militärputsch im Sommer 1936. Bilbao als Industriestadt war das Zentrum.

1938 war ein Mädchen in unsere Clique dazugekommen. Sie wohnte bei Freunden, ihr Französisch war zögerlich. Obwohl sie Deutsche war und dadurch im Prinzip eine Feindin, war sie sehr hübsch. Ihre herbstfarbenen lockigen Haare, die sie mit einem Haarband zügelte, das mit dem Oberteil ihres Badeanzugs harmonierte, erregten Neid und verschlimmerten ihren Fall. Sie begriff, dass sie nur akzeptiert würde, wenn sie uns überzeugen könnte, dass ihre abwesende Familie nicht zur *fünften Kolonne* gehörte. Else kam aus Berlin. Sie erzählte, wie ihr Onkel von jungen Männern gelyncht wurde, die häufig in das Geschäft seiner Familie kamen, wie sie nach Frankreich gezogen und schon vor einem Jahr in Paris angekommen waren. Ihre Aussagen bestätigten den *Caiffa* und bewirkten, dass ich meinen Eltern zustimmte, die sich an den antifaschistischen Komitees beteiligten und manchmal sogar einen Stand auf dem Markt von *Dinan* hatten, wo sie Plakate und Flugblätter verteilten.

Die Ferien waren lang, und da ich Externe war, konnte ich kaum erwarten, die Bande aus dem Lyzeum wiederzutreffen. Fünfzehn Jahre, zu kurze Tage: Korrekturen vom Vormittag, Kurse, zwei Stunden akrobatische Gymnastik, Lektüre und dann die Klassenkameraden. Die neue Aufsatzform machte uns Angst: Wir wechselten von der Redaktion zur Dissertation. Es handelte sich vermutlich um den Kommentar zu einem Text von *Maupassant*, denn ich erinnere mich noch heute an meine ersten Schritte allein in eine Buchhandlung, um dort *Bel Ami* zu kaufen. Dieser Eintritt in die Welt der Bücher führte mich in die Stadtbibliothek, wo ich meine neuen Klassenkameraden traf, alle drei älter als ich, Philosophen.[9] Obwohl sie reichhaltiger war als die vom Gymnasium, bot die städtische Bibliothek neuere Bücher erst zwei oder drei Jahre nach ihrem Erscheinen. Aus einem Wust von romantischen Schicksalen hoben sich einige Helden und Autoren hervor, die aus dem na-

9 AdÜ: Im letzten Jahr vor dem Abitur wird statt Französisch Philosophie unterrichtet.

tionalen Unterrichtsprogramm in der Regel verbannt waren, wodurch der Leser ziemlich allein gelassen wurde. Wir versuchten, miteinander ohne fremde Hilfe klarzukommen, weil keiner von uns eine Ansprechperson hatte. Eine Ungerechtigkeit des Schicksals. Wir waren nicht nur ein Literaturkreis, sondern tanzten auch gern, und von den ersten schönen Tagen an liefen wir in die Wälder und gingen zum Baden. Um uns ins Meer zu stürzen, kam es vor, dass wir eine Stunde lang in die Pedale traten. Bei der Rückkehr keuchten wie mehr, denn wir mussten vor Eintritt der Dunkelheit nachhause kommen, auch wenn das zugegebenermaßen in unseren nördlichen Regionen spät der Fall ist.

Einziges Mädchen in einer Bande zu sein, in der alle anderen weiter waren, machte die Beziehungen zu meinen Mitschülern nicht leichter. Eine jedoch, die während des Schuljahres hinzukam, wurde meine Freundin. Sie verblüffte mich durch ihre Begabung, mit der sie die Hierarchien in der Klasse, die seit der Quinta unveränderbar waren, durcheinander brachte. Ihre völlig schwarze Kleidung war wegen der Trauer, sie hatte gerade ihren Vater verloren. Wir wussten, dass sie mit ihrer Mutter in einem Nachbardorf wohnte. Sie kam beim Klingeln und ging mit ihm wieder fort. Ich sah ihr Fahrrad vor dem Bahnhof. Sie saß im Wartesaal mit einem Heft auf den Knien. Sie arbeitete, ohne sich vom Lärm stören zu lassen. Beim ersten Mal zeigte ich mich nicht, aber einige Tage später ging ich auf sie zu, weil ich mir vorstellte, dass sie die Wärme suchte, und schlug ihr vor, ihre Hausaufgaben bei mir, wenige Meter entfernt zu machen. Sie machte eine gereizte Bewegung, fing sich aber wieder und lud mich mit einem komplizenhaften Lächeln ein, mich neben sie zu setzen. Wir sprachen über unsere Pauker, das bevorzugte Thema von Pennälern. Ein mindestens fünfundzwanzig- wenn nicht dreißigjähriger Mann nahm sie in den Arm und küsste sie schnell, aber auf den Mund, dessen war ich mir sicher. Am folgenden Tag traf ich sie ihrem Wunsch entsprechend am selben Ort wieder.

Was sie mir erzählte, schien mir so extravagant, dass ich einige Beweise benötigte, um ihrer Geschichte Glauben zu schenken. Der Mann war ihr Geliebter oder eher ihr Gefährte, denn sie lebten unter demselben Dach zusammen mit ihrer Mutter, die auf Grund eines Zitterns als Folge der Spanischen Grippe bewegungsunfähig war. Sie waren aus *Le Mans* hergekommen wegen der Ernennung ihres Freundes Pierre in die Steuerstelle des Finanzamtes.

Von diesem Tag an machte Pierre vor unserer Tür Halt, um Yvette einzuladen, mit ihm zu kommen. Aus Scham davor, mit meinen Eltern über Probleme sexueller Beziehungen zu reden, hatte ich ihnen Pierre und Yvette als Geschwister vorgestellt. Jeden Abend hoffte ich, meine Scheu zu überwinden, um Yvette am nächsten Tag über das Mysterium zu befragen, das die Liebe ist. Ist es so wie bei der Heldin von *Flaubert*, *Emma Bovary*, dass *ihr Blut in ihrem Fleisch zirkuliert wie ein Milchfluss*? Ich brauchte noch einige Jahre bis zur Antwort auf meine Frage. 1947 nahm ich an einem Lehrgang in einem Pariser neurologischen Dienst teil. Es handelte sich tatsächlich um Yvette auf den Blättern, die ich in den Ordner *Gehirn-Abszess* des Dossiers *Kranke, die nach einem neurochirurgischen Eingriff verstarben* einordnen sollte.

Im Jahr des Münchener Abkommens 1938 erlebten wir die Ankunft von jungen Paukern im Collège, von denen zwei mit den ersten Anzeichen des Zusammenbruchs der französischen Armee wieder verschwanden. Eine der beiden, die Physik unterrichtete, verabschiedete sich von uns nach einer kleinen Ansprache, in der von den Leiden die Rede war, die uns unter dem Nazi-Stiefel erwarteten. Sie sprach von Mut und teilte uns mit, dass sie sich der Regierung in Bordeaux anschließen werde. Ihre Botschaft begriff ich sofort, wohingegen mir das Ziel ihrer Fahrt erst viel später nach dem Krieg klar wurde.

Wenn das erste Jahr der Besatzung den Alltagstrott auf dem Collège nicht groß veränderte, bezeugte doch die von Geheimnissen belastete Atmosphäre die Diskrepanzen, die sich nicht mehr auf die Anhänger des laizistischen Clubs der *Dinardaise* und auf die des Gemeindezirkels *Le Beaumanoir* beschränkten.

Seit dem Sommer 1936 hatte ich nicht mehr die Wahl, ich kannte mein Lager.

Vier Jahre, die von den Historikern als die *schwarzen Jahre* bezeichnet werden.

# Résistance

## Präludien

Ich entdeckte *Giono*[10]. Ich war vierzehn. Ich war bereit zur Rückkehr aufs Land und erklärte mich entschieden zur Pazifistin. Dann begegnete ich *Malraux*! *La Condition humaine*![11] Von China kannte ich nur den vorwurfsvollen Ausspruch meines Vaters, weil ich als kleines Mädchen beim Essen bockig war: *Denk an die kleinen Chinesen, die nur eine Schale Reis bekommen und das nicht einmal jeden Tag.*

*Tchen* faszinierte mich wegen seiner Nähe zum Tod, seiner Begeisterung, seinem Stolz. Ich hätte ihm gern *Kyo* vorgezogen, aber das gelang mir nicht. Die freie, einmalige, verhängnisvolle Tat eines Einzelgängers faszinierte mich. Der Terrorismus schien mir kein Krieg zu sein; ich bewunderte diese Leben im Untergrund, die für die Leben der Anderen hingegeben wurden. Ich geriet in Begeisterung und war entschieden, mich Malraux' Kohorten anzuschließen. Ich war bereit. Wie ist es Malraux gelungen, uns über tausende von Kilometern zu begeistern bis hin zu Leuten, deren Sitten und Gebräuche so unterschiedlich waren, so viele junge Menschen, die oftmals fern von Expertenstreitereien, literarischen Kontroversen oder antifaschistischen Versammlungen in Paris waren, darauf vorzubereiten, sich ihrem Schicksal als Individuum zu stellen, das sich seiner menschlichen Situation bewusst ist.

Alles fing damit an, dass ein Dutzend spanischer Flüchtlinge, Frauen und ihre Kinder, im Februar 1939 in unserer kleinen bretonischen Stadt Dinan aufgenommen wurden. Meine Eltern gehörten zum Empfangskomitee und halfen insbesondere einer jungen Mutter, Antonia. Sie war ebenso blond,

---

10 AdÜ: Jean Giono, 1895 – 1970, Schriftsteller, unter anderem *Der wahre Reichtum* oder *Bleibe meine Freude*

11 AdÜ: André Malraux, 1901 – 1976, Schriftsteller, unter anderem *So lebt der Mensch* oder *Die Hoffnung*

wie ihre beiden Kleinen dunkel waren Sie wiederholte jedes Mal, wenn ich die beiden neckte: *Sie sehen Luis ähnlich*. Anders als ihre Gefährtinnen in der Not war sie eine Städterin. Sie hoffte, dass ihr Vater, ein Fischer in *Santander*, mit seinem Boot nach Frankreich gelangt war. Nach der Hochzeit war sie ihrem Mann gefolgt, einem Soldaten, der der republikanischen Armee treu geblieben war. Sie wusste, dass er verwundet wurde, aber die Grenze überschritten hatte, nur wusste sie nicht, wo er sich befand. Sie sprach vom Elend, redete auch über die Gewerkschaften, die enttäuschten Hoffnungen, die Toten, die mörderischen Flugzeuge, die Brigaden und über ihren Luis... Sie verfluchte Italiener und Deutsche, diesen ganzen faschistischen Abschaum. Ich bin mir nicht sicher, ob sie die Sowjetunion in ihrem Herzen trug. Davon sprach sie nicht, vielleicht mit Rücksicht auf jene, die ihr halfen und hoffnungsvoll gen Osten schauten? Es war vorbei. Sie hoffte auf Nachricht von Luis. Darauf musste sie mehrere Monate warten, bevor sie ihn im Südwesten wiedertreffen konnte.

Für mich waren bis zu diesem Austausch mit Antonia, der durch mein Schulspanisch eingeschränkt blieb, alle Kriege abscheulich und unnütz. Pazifistin, aber rebellisch.

Sommer 1939: Das waren für mich die Jugendherbergen, die es seit 1936 gab. Damals waren es noch keine Hotels zum Mindestpreis, sondern Orte der Auseinandersetzung von Gedanken, Vorstellungen und auch utopischen Parolen, die mich begeisterten. Das war ein schöner Sommer, der endete, als die Glocke Alarm schlug; kaum zu glauben am Strand in der Bucht der Dahingeschiedenen, von wo die toten Seelen ins Jenseits aufbrachen. Die *Marseillaise* ersetzte *Meine Blonde, hörst du*, unsere Hymne voller Freude der Volksfront.

Die beiden Kommunisten in der Gruppe versuchten schwach, den Nichtangriffspakt zu verteidigen, der einige Tage zuvor von der UDSSR und Nazideutschland unterzeichnet worden war. Ich verstand nicht alle ihrer Argumente und billigte auch nicht vorbehaltlos ihre pauschale Verurteilung der Neopatrioten. Strategie ist eine Wissenschaft. Diese in der Heidelandschaft ausgestreckt liegenden Mädchen und Jungen dürften nicht über genügend Informationen verfügt haben, um Schlussfolgerungen zu ziehen.

Der Krieg! Mein Vater sollte *gehen* und vielleicht nie *wiederkehren*. Ein quälender Gedanke…

## Die kleinen Pakete

Seit dem Gymnasium *war ich im Widerstand.* Besonders in den Ferien! Es war im Sommer 1940 ein paar Wochen nach der Invasion. Die Straßen hallten vom Stechschritt wider. Die Nazis hatten die beiden Kasernen der Stadt in ein Lager für Gefangene transformiert, die auf ihren Transport nach Deutschland warteten. Mein erster Widerstandsakt wurde von S. organisiert. Er dürfte um die 40 gewesen sein. Mit zwei anderen Gefangenen machte er den Übersetzer für die Kommandantur. Sie gingen durch die Stadt, von zwei Wächtern begleitet, deren gutmütige Erscheinung im Kontrast zur arroganten der Männer in Schwarz stand, die schon davon träumten, wie ihre Stiefel auf Londons Straßen hämmerten.

Während seine Gefährten mit dem einzigen Wächter diskutierten, der sich nicht auf ein Bier oder eine Nummer im Puff verdrückt hatte, sprach S. mich an. Er hoffe, dass ich einverstanden sei, den Gefangenen zu helfen. Ich solle mich am nächsten oder einem der folgenden Abende mit einem oder besser zwei Freunden auf der Mauer der Kaserne einfinden. Es ging darum, einige Pakete in Empfang zu nehmen, die zu der Adresse gebracht werden sollten, die gemäß einem Code angegeben war, der auf dem kleinsten Paket erklärt wurde. Die Adresse war die der Näherin. Eine schöne Frau, deren blonde Haare zu einem Diadem geflochten waren, wie es damals Mode war, und die das Oval ihres porzellanhaften Gesichts unterstrichen. Wegen ihrer Fähigkeiten wurde sie zwar sehr von ihren Kundinnen geschätzt, aber auf Grund des *verrückten Lebens*, das sie in Paris geführt hatte, schlechtgemacht. Meine Eltern ihrerseits lobten sie für den Mut, mit dem sie ihren Sohn allein aufgezogen hatte, der nun Gefangener war. Ich ging oft zu ihr. Sie arbeitete viel und nutzte noch den kleinsten Lappen aus. Als die Not kam, verstand sie es, sehr schicke Modelle zu kreieren, sagen wir *pariserische*, die sie mit Stoffen herstellte, von Leuten eingetauscht, die gut betucht waren, oder auf dem

Schwarzmarkt gekauften Stoffresten von Frauen, die blindlings ohne Zurückhaltung ausgeben konnten. Wenn ein Stoff fehlte, machte sie aus einem Mantel ein Kleid und eine Bluse aus einem Vorhang. Die Seide vom Fallschirm war leider noch nicht Mode. Ihr Haus in der Straße, die zu den Kasernen führte, lag neben dem Bordell, deren Bewohnerinnen sie kleidete. Vielleicht kam ihr schlechter Ruf daher.

Während einer Anprobe fragte sie mich, ob ich bereit wäre, mit dem Mann zu reden, den sie mir in der kleinen Gruppe von Gefangenen zeigte, die unter unserem Fenster miteinander sprachen. Ich sah S. noch ein oder zweimal vor seiner Flucht. Er sprach sehr gut von seinem Spanienkrieg. Er empfahl mir die Lektüre von *Die Hoffnung* und übergab mir sein Bücher-Gepäck. Als wir durch Zufall 1945 wieder aufeinander trafen, kam er aus London zurück. Ich wagte nicht, ihn zu fragen, was genau seine Packen enthalten hatten. Sie waren jedenfalls für meine Lebensentscheidungen schwerwiegend, denn sie haben mir gezeigt, dass Angst nicht unüberwindbar ist.

Der folgende Sommer verwandelte unsere solidarische Clique mit ihrem Engagement den Gefangenen gegenüber in ernst zu nehmende Konkurrenten auf den Tanzwettbewerben, die auf heimlichen Ballfesten in den Dörfern und Weilern organisiert wurden. Die beiden ersten Plätze garantierten mindestens zwei Pakete. Auf den weniger heimlichen, aber in diesem Sommer gut besuchten Dorfweihfesten produzierte ich mich als sehr gemäßigter Schlangenmensch im Rhythmus des musikalischen Trios, das immer wieder über seine falschen Töne und meine Patzer in Lachen ausbrach. Das Resultat meiner Sammlung ermöglichte den Ankauf von Wollsträngen für die Skimützen im nächsten Winter. Alle Schätze wurden in der Jugendherberge eines Dorfes nahe Dinan untergebracht, der Leiter der Herberge war unser *Vater*, während wir den Priester, der unser Schirmherr war, respektlos *Onkel* nannten. Die beiden übergaben mir, als wir Kameraden geworden waren, einige kleine Pakete, die ich zu ihren Freunden tragen sollte, die meistens Schullehrer waren. Eine leichte Aufgabe für einen Fahrradfan!

Am Ende der Ferien brachte der Herbergsvater mich in Kontakt mit seinen *Kameraden* aus *Rennes*, wo ich studieren wollte. Und so kam es, dass ich ohne nachzudenken auf den Weg des Engagements und in einen Kampf gebracht wurde, dessen Triebfedern ich teilte und dessen Unwägbarkeiten ich auf Anhieb akzeptierte; die – das wussten wir – der Tod sein konnten.

Die ersten Todesurteile wurden vom August 40 an verhängt. Hinrichtungen ohne Bezug auf den Kriegszustand waren nicht selten, davon hatten wir ein Beispiel in unserer kleinen Stadt Dinan mit der Ermordung eines Nachbarn.

Vor der Eröffnung der Front im Osten im Juni 41 konnte die Anzahl der deutschen Soldaten in Frankreich beeindrucken. So zählte man in der Stadt Dinan an der Grenze zwischen der besetzten Zone und der verbotenen Zone bis zu 3200 Soldaten bei einer einheimischen Bewohnerzahl von 11500 Einwohnern.

Der Bau des sogenannten Atlantikwalls, der Mauer mit ihren Bunkern, hatte noch nicht begonnen, als die verbotene Zone am Meer entlang schon existierte. Übrigens wurde ich in meiner Gewissheit, dass die Freiheit unser kostbarstes Gut ist, bei einem Besuch auf der Kommandantur bestätigt, um ein Visum zu erhalten, das einige Stunden Aufenthalt in dieser verbotenen Zone erlaubte.

Weihnachten 40 war nahe, Mama wollte einige Decken aus dem Haus holen, das wir in *Saint-Cast* besaßen, einem Badeort ungefähr zwanzig Kilometer von uns entfernt. Wir waren also auf der Kommandantur, um diesen kostbaren *Ausweis* zu erhalten, der uns erlaubte, zwei Stunden zuhause am Meer zu sein, aber nicht am Strand, denn der war vollkommen abgeriegelt und umgebaut worden zu einem Verteidigungsplatz voller Stacheldraht.

Als wir in das Arbeitszimmer des Soldaten traten, eines Bürohengstes, hob er nicht den Kopf und beantwortete unseren Gruß nicht, sondern las weiter in seinem Buch auf Französisch. Wir mussten uns in die Ecke setzen und warten. Als er das Buch beiseitelegte, konzentrierte er sich mit der Feile in der Hand auf seine Fingernägel und feilte sie sorgfältig. Ungefähr eine Viertelstunde später durften wir unseren Antrag vorbringen. Spöttisches Lächeln. In einem exzellenten Französisch wie auf der Sorbonne *Saint-Cast ist sehr hübsch*, dann brutal *Ich gebe Ihnen das Visum nicht, vielleicht nächste Woche* und eine Kopfbewegung, die uns zum schnellstmöglichen Hinausgehen aufforderte.

Ein anderes Mal hätte ein anderer Soldat uns das Visum mit einem Lächeln und herzlichen *Auf Wiedersehen* gegeben. Der Wert des Lebens gemessen am *Guten Willen* des Anderen: Diktatur. Dieser Besuch war entscheidend für meinen Wunsch, mich im Widerstand, in der Résistance zu engagieren.

Unser Nachbar, *Ange Dubreuil*, über dessen Grundstück die Soldaten gingen, wenn sie frei hatten, weil der Weg dadurch etwas kürzer war, beschwerte sich auf der Kommandantur darüber, dass so viel zerstört wurde, um sich einen Weg zu bahnen. Er verlangte Reparation. Man führte ihn in seinen Garten und erschoss ihn.

## Rennes

Rationierung, Sperrstunde. Aufs Neue.

1941. Ich hatte mich für das Vorbereitungsjahr in Medizin eingeschrieben, trotz der Schwäche meiner Motivation für Medizin. Trapezkünstler oder Akrobat wäre ich lieber geworden. Ich war dennoch eine eifrige Studentin, deren Zeit zwischen Prüfungsvorbereitungen, illegalen Tangos und Auswärtsspielen mit der Fußballmannschaft der Universität knapp war. Meinen Angehörigen verschwieg ich meine Enttäuschung, untätig zu sein, abgesehen von einem wöchentlichen Kontakt mit dem Kameraden Victor, dem ich ohne ausdrückliche Begründung seine Behauptung glauben wollte, dass der Pakt zwischen der Sowjetunion und Nazideutschland eine Finte sei. Das war wohl einige Wochen, nachdem Hitler im Juni 41 seine Heere zum Angriff gegen die UDSSR losgeschickt hatte.

Victor, ein Alter in den Fünfzigern, sprach in seinen angegrauten Bart hinein und schniefte pausenlos. Unangenehm. Mein Eindruck war, dass er kein Vertrauen in meine verwegenen und dennoch verantwortlichen Handlungsfähigkeiten hatte. Ich erwartete ungeduldig, dass die Straßen von Rennes denen des Kantons der *Eroberer*[12] glichen.

Es dürfte im Herbst 1941 gewesen sein, als ich mich in die Nähe von *Uzel* im Zentrum der Bretagne begab. Seit einem halben Jahrhundert bin ich auf der Suche nach dem Weiler, in dem ich sprachlos auf meinen Vater stieß. Ich hatte schon den Eindruck gehabt, sein Fahrrad in der Scheune wiederzuerkennen. Voller Angst ging ich auf Papa zu. Er stoppte mich mit einer unauffälligen Geste, begleitet von einem für die Anderen sybillinischen Satz: *Wir sagen der kleinen Marthe nichts!* Das war meine Mama. Eine Untergrund-Lektion.

Die Demonstration im Juni 1941, die illegal organisiert

12 AdÜ: Roman von André Malraux

worden war, um mit der nationalen Kokarde auf der Brust an die deutsche Bombardierung zu erinnern, die 1940 fast 3000 Menschen getötet hatte, französische und englische Soldaten und Zivilisten zusammen, genügte nicht für mein Bedürfnis nach Heldentaten. Zum Glück wurden mir schließlich einige winzige Aufgaben übertragen. Es war noch nicht die Zeit des *Maquis*[13], auch wenn an bestimmten Orten geheime Beratungen stattfanden, wo meines Wissens Abreisen nach England auf Booten der Küstenfischer organisiert wurden, die etliche Meilen von der Bucht des Einschiffens entfernt das große englische Schiff erreichten, das von den Widerständlern benachrichtigt worden war, Menschen an Bord zu nehmen.

Charles war Tutor für praktische Übungen in Biologie, seine monströsen Brillengläser weiteten seine erstaunlich blassen blauen Augen über die Maßen. Seine Haut glich einem Lappen, der sich entfärbt hatte, aber perfekt gebügelt war. Trotz seines fragilen Aussehens war er voller Lebendigkeit. Als er mich zu einem Kaffee bat, stellte ich mir eine Einladung zum Flirt vor und suchte nach einer Möglichkeit, ihn fort zu schicken, ohne ihn zu verletzen. Wir saßen noch nicht, da wollte er schon ohne Umschweife hören, ob ich von John Reed *Zehn Tage, die die Welt erschütterten* gelesen hätte und ob ich das Werk von *Trotzki* kennen würde. Ich hatte Trotzki nicht gelesen, aber in den Jugendherbergen Trotzkisten getroffen, die sich über die Notwendigkeit stritten, eine 5. Internationale zu gründen, die gegenüber der dritten weniger streng sein sollte. Ihr Passwort *4-5* bedurfte der Erklärung. Die Wangen meines Gesprächspartners röteten sich pastellfarben, als er erfuhr, dass ich interessiert war, mehr über den Meister seines Denkens zu lernen. Er bedauerte nicht, meinen Widerstand bemerkt zu haben, den ich gegenüber zu weichen Äußerungen bestimmter Mitschüler gezeigt hatte, und er hatte einige Zeitschriften in meiner Aktentasche bemerkt. Er bot mir bessere Lektüre an,

13 AdÜ: Bezeichnung für die organisierte spätere Résistance ab 1943, wörtlich : undurchdringlicher Buschwald

natürlich nur wenn ich ihn akzeptierte. Trotz seiner zarten Gestalt aus Pappmaschee wirkte er auf mich entschlossener als Victor. Ich folgte ihm, ohne von den Anderen zu lassen.

Ich nehme an, dass viele junge Menschen so waren wie ich, in den Brutkasten gesetzt, um als kleine Soldaten auszuschlüpfen, wenn es an Truppen mangelte. Was für eine Frustration in diesem Lebensabschnitt, wo man hofft, ein Leben in ein Schicksal zu transformieren! Wenn man beschließt, sein Leben für ein Ideal aufs Spiel zu setzen, ist es unmenschlich, einen im eigenen Saft schmoren zu lassen, egal wie alt man ist. Er kann leicht umkippen und Essig werden.

Es waren Ferien, ich glaube Ostern, als ein Bote von Charles mir auftrug, nach *Brest* zu einer einschneidenden Sitzung zu kommen, um über eine wichtige Direktive zu diskutieren. Die Hoffnung, seine Freunde könnten weniger erwartungsvoll sein als Victors, führte mich in den Stadtteil *Recouvrance.* In Brest regnete es. Eine mondlose Nacht. Mit gesenktem Kopf, die Schultern hochgezogen, den Rücken gekrümmt musste ich eine lange Straße hochsteigen, mich zwischen den Stiefeln angetrunkener Soldaten der Kriegsmarine durchschlängeln. Dunkle Schatten im Dunkeln. Nur der Stahl ihres Säbelschaftes machte sie erkennbar. Nach rechts, dann ein weiteres Mal nach rechts in eine kleine Straße, die noch finsterer war als die übrige Stadt. Drei Stufen, viermal klopfen, dann zweimal sagen: *Hier ist Dinan*. Ich ganz allein war Dinan.

In einem kleinen Esszimmer saßen zehn Personen unterschiedlichen Alters, darunter zwei Frauen, gedrängt beisammen. Man trank den *Mic*[14] aus gerösteten Eicheln in leicht abgestoßenen großen gelben Bechern. Ein junger Mann, der sowas wie *Norite* hieß, eröffnete die Diskussion über den Nutzen, den es hätte, in deutschen Fabriken zu arbeiten; bei den Trotzkisten meinten einige tatsächlich, dass es richtig wäre, die

14 AdÜ: Bretonischer Kaffee mit oder ohne Schnaps.

angebotene Gelegenheit auszunutzen, um das Klassenbewusstsein unserer proletarischen deutschen Genossen wach zu rütteln. Zu der Zeit interessierten sich französische Arbeiter für die Angebote aus Deutschland, weil man dort gut verdiente.

Die Rekrutierung der nach Deutschland geschickten Arbeiter wurde noch nicht gewaltsam *mit dem Bajonett* gemacht, und es handelte sich schon gar nicht um die spätere *Ablösung*[15], die angeblich ein einfacher Tausch war: von einem kriegsgefangenen Deutschen gegen die Arbeit von drei *freiwilligen* Franzosen. Wir diskutierten die ganze Nacht; die Ausgangssperre zwang uns, dort zu bleiben. Die Idee, vor Ort Propaganda zu betreiben, stieß sich am gesunden Menschenverstand der Versammlung. Stattdessen wurde ein Text formuliert, der die Soldaten der Wehrmacht aufforderte, sich von der SS und der Hitlerjugend loszusagen. Die ältere Frau konnte Deutsch schreiben. Ihr Akzent war eher Russisch, der aller anderen Bretonisch.

Ich hatte mich angeboten, die Flugblätter zu verteilen, die ich unverzüglich in Dinans Stadtpark erhalten sollte, den das graugrüne deutsche Fußvolk besonders schätzte, obwohl es sich um den *englischen Garten* handelte. Doch ich erhielt nichts. Trotzkis Utopie der permanenten Revolution blieb vollkommen und unser Projekt vermutlich in Arbeit.

1941 in Brest gab es lediglich zwei Parteigänger für das Zwangsarbeiter-Engagement. Der eine war Nicolas, den ich im Winter 1943/44 mit Stiefeln und Rucksack bei einem Auftrag im *Vercors* auf der Straße in der kleinen Stadt *Tullin* wiedertreffen sollte. Es war unmöglich, ihm auszuweichen. In die Enge getrieben fragte ich ihn blöd:

*Was machst du denn hier?*

*Dasselbe wie du bestimmt,* erwiderte er und fügte hinzu:

15 AdÜ: 1942 die *Relève*

*Mein Stützpunkt ist in Saint-Jean-de-Maurienne, Kénavo.*[16]

Ich berichtete niemandem von dieser ungelegenen Begegnung. Aber ich habe eine Schwäche für all diese Nicolas, diese Harten und Träumer, die in die Aktion verliebt sind, jedoch zu sehr im Kampf der Synapsen feststecken.

Ein letztes Mal vor den Prüfungen sich ordentlich ins Zeug legen, und dann begannen die großen Ferien. Ich fuhr viel Rad. Ich begegnete einem Freund meiner Eltern, der mir von der *Nationalen Front für die Unabhängigkeit Frankreichs* erzählte. Ich hätte die Kommunistische Partei vorgezogen, die Untergrundorganisation, die etwas Anderes machte als zu quatschen und in die Pedale zu treten. Das war meine unerschütterliche Überzeugung. Es gab natürlich auch die Gaullisten… Zwei Jahre zuvor am 14. Juli, sofern es nicht der 11. November war, ging ich mit anderen Collège-Schülerinnen in der Stadt spazieren. Wir hatten unsere Haare mit rot-weiß-blauen Bändern dekoriert. Ein Gerücht hatte die Initiative zu dieser patriotischen Promenade zwei Mädchen zugeschrieben, Nichten von De Gaulle, die sich in die Mauern unserer Stadt geflüchtet hatten. Ich weiß immer noch nicht, ob diese für unsere Stadt so schmeichelhafte Information stimmte. Meine Erziehung, meine Herkunft und Malraux verboten mir jedes Vorhaben mit *Reaktionären.*

Wenn Sie mit sechzehn keine starken Überzeugungen haben, sind Sie dazu verurteilt, sich von dem langen ruhigen Fluss tragen zu lassen. In diesem Alter nicht revoltiert, romantisch, revolutionär zu sein, und man muss *unwissend* hinzufügen, ist das Symptom für eine affektive Behinderung. Man weiß nicht, oder will nicht wissen, dass die erfolgreichen Revolutionen Bürokratie und Terror absondern, man hofft und rennt los.

16 AdÜ: Kénavo = Wiedersehen auf Bretonisch.

Im Sommer 1942 wurde eine weitere Radfahrerin unserer Bande verhaftet. Es wäre unklug gewesen, nach Rennes zurückzukehren.

# Im Untergrund

## Paris

Von Paris kannte ich nur den *Jardin du Luxembourg.* Eine meiner Tanten hatte in einer Seitenstraße gewohnt. Zu meinem 15. Geburtstag war ich bei ihr. Zum ersten Mal ging ich allein durch eine große Stadt, und zum ersten Mal ging ich in ein Museum, den *Louvre*.... Um meine Abwesenheit in einigen ihrer Stunden zu erlauben, hatte meine Französischlehrerin ein Referat über die Gefühle verlangt, die ich mit Sicherheit angesichts der *Mona Lisa* empfinden würde. Der Schock war nicht so gewaltig wie erwartet. Ich las meinen Mitschülerinnen einen Text vor, den ich im Wesentlichen aus dem Museumsführer abgekupfert hatte. Das war nicht schlimm, denn meine provinziellen Klassenkameradinnen waren vor allem bei meinen ausführlichen Berichten von den üppigen Schaufenstern im Kaufhaus *Samaritaine* und den nicht weniger wundervollen Auslagen im *Printemps* aufmerksam.

Ich war 18, als ich in ein trübes und bleiernes Paris zurückkehrte. Ich dachte nicht mehr daran, Akrobatin zu werden, ich *machte* mein Medizinstudium. Jedenfalls verlangte man von mir, zu den Seminaren auf der Uni zu gehen und an den Praktika im Krankenhaus *Cochin* teilzunehmen. Mein sommerlicher Leichtsinn hatte die Neugier der Gestapo geweckt, die anfing, um unsere kleine Gruppe herumzulungern. Zu einer anderen Zeit wäre ich wie alle Provinzler darüber glücklich gewesen, dass ich in Paris studierte. Die schönste aller Städte, in der alles besser ist, insbesondere der Unterricht – ein Lebenselixier für alle, die wie meine Eltern nur die Grundschule gekannt hatten.

Trotz der offen geäußerten Befürchtungen meiner Mutter und der besser verheimlichten meines Vaters, zog ich in ein winziges Zimmer im Parterre eines Sozialbaus. Gegenüber der

Flugzeugfabrik *Gnome-et-Rhône* gelegen, die von den Deutschen besetzt war, lag es nahe den Studentenwohnheimen. Jedoch hatte ich keinerlei Kontakt zu anderen Studenten. Ich traf mich nur mit ein paar Studenten, von denen ich die meisten in den Jugendherbergen kennengelernt hatte und die Anhänger der christlichen Bewegung von *Marc Sangnier* waren. Bei ihnen hatte ich *meine Sprache verloren.* Es handelte sich um eine pervertierte Form von Schüchternheit. Wenn man seit ewigen Zeiten in einer intellektuellen Atmosphäre atmet, dürfte es leichtfallen, sich in einer Umgebung zu entfalten, in der man die Welt neu durchdenkt bis dahin, dass man behauptet, sie zu bewältigen. Diesen redseligen Leuten zu begegnen, war für mich lange Zeit eine Tortur. Die Angst, bei dem Delikt der Unwissenheit erwischt zu werden, lähmte mich. Schweigen war *Schande.* Solange die Faszination anhält, hört man zu; bald lauscht man nur noch einem vagen Surren, das man nachahmt und sich so zum Idioten macht.

Zum Glück zogen mich die Ereignisse in andere Ängste, die weniger schändlich waren als jene, durch die eigene Unwissenheit die einfachen Verhältnisse zu offenbaren, aus denen man kam.

Nach zwei Wochen angstvollen Wartens auf den *Kontakt*, beschloss ich, mich allein darum zu kümmern, diejenigen zu finden, nach denen ich suchte. Ich ging *auf Fang* in den Räumen der Organisation von Marc Sangnier am *Boulevard Raspail*, wo ich hoffte, einen Kumpel wiederzufinden, den ich einige Wochen zuvor in der Jugendherberge getroffen hatte. Zauber der Erinnerung: nach mehr als sechzig Jahren des Vergessens erscheint sein Name augenblicklich, Ridoux. Er brachte mich mit dem *Kontakt* zusammen, der hieß Roland.

Ich sollte ihn im *Jardin du Luxembourg* treffen. Er werde sich gegen ein Geländer oben auf der Treppe lehnen, die zum Bassin führt, auf der Seite des Senats, wenn man vom *Boulevard Saint Michel* kommt. Er werde ein Buch lesen und gut sichtbar unter seinem Arm die *Signal*[17] tragen. Ich werde sagen: *Welch ein schöner Frühlingstag.* Er war groß, leicht gebeugt. Seine feinen Hände waren nervös und schön. Seine Gesichtszüge offenbarten semitische Herkunft. Er wirkte überrascht, als er mich sah. Später gestand er mir, dass er erwartet hatte, ein älteres Mädchen zu empfangen. Es stimmt, dass ich bis in die Dreißiger jünger als mein Alter wirkte. Im Untergrund war mein jugendliches Aussehen oft ein Trumpf, sei es dass es den Verdacht entfernte oder auch dass es bei Älteren Mitleid erregte. Bei diesem ersten Treffen mit Roland war es zu meinem Nachteil.

*Das ist eine Göre! Was soll ich denn damit machen?*

Er führte mich zu einer Bank in der Allee und fragte, ob ich Paris kenne, die verschiedenen Stadtteile von Paris.

*Nein überhaupt nicht. Ich kenne nur dieses Viertel ein wenig.*

*Kauf einen Plan und studiere ihn... Stadtteil für Stadtteil.*

Ich konnte auch nicht auf der Maschine schreiben... Er stellte mir einige belanglose Fragen zu meiner Vergangenheit und fragte mich dann, ob ich bereit für eine *Collage* oder einen *Abwurf* sei. Ich wagte nicht zuzugeben, dass ich diesen Jargon nicht kannte. Er schien meine Verwirrung jedoch zu bemerken, denn er fuhr fort:

*Das lernt man. Morgen um 18 Uhr kommst du zur Straßenecke an der Rue Duvernet und der Avenue d'Orléans. Du wirst genauso angezogen sein wie heute. Ein Typ, der eine Mütze trägt, wird dich ansprechen und nach der ‚Rue de l'Odéon' fragen. Du wirst antworten: ‚Übermorgen'.*

Wir gingen nebeneinander wie zwei enge Freunde

17 AdÜ: Propagandabroschüre der Nazi-Besatzer

Richtung Denfert-Rochereau. Ohne Missfallen fragte ich mich *wohin nimmt er mich mit*, da befahl er mir: *Geh hinüber*! Ich mochte schon seine Hände.

In Rennes waren die Treffen weniger professionell gewesen.

Ich ging zu Fuß nachhause. Ich fühlte mich leicht. Am nächsten Tag versuchte ich, dem Unterricht im Krankenhaus *Cochin* zu folgen. Ich war so beschäftigt mit dem kommenden Treffen, dass ich nicht den Vorschlag des Facharztes hörte, die Herzgeräusche der armen Alten anzuhören, deren weißlicher, dünner Pferdeschwanz sich kaum vom Kopfkissen abhob. *Wir sind heute Morgen noch nicht aufgewacht* schüttelte er mich, und sein ärztlicher Befehlston missfiel mir.

Ich hatte in Rennes schon die Graffiti der damaligen Zeit ausprobiert und sogar einige Pakete transportiert, die für Pakete mit Papier zu schwer waren, und konnte sogar einen Hektographen bedienen. Die *Collage* erforderte mehr Geschicklichkeit als die Schrift mit Kreide. Man machte sie mit vier Händen. Derjenige, der klebte, musste den kleinen Bereich genau ausfindig machen, den der Einpinseler vorbereitet hatte. Das Vor-Kleben gab es nicht. Man musste aufpassen, dass sich die kleinen Plakate auf Augenhöhe unserer Leser befanden, wenn sie an den Mauern klebten. Das wurde abends gemacht, weil die Botschaft am folgenden Tag von den Hausfrauen gelesen werden sollte, wenn sie auf der Suche nach ein paar Lebensmitteln waren. Mit wenigen Worten wurden die Hungerspekulanten aufgedeckt, die Deutschen und ihre Komplizen. Ich bekam etwa fünfzig Blätter, die mein Ausbilder mir zusteckte und mir dazu sagte: *Lass niemanden zwischen uns schlüpfen*.

Seine Zuversicht bewirkte Wunder, alles verlief glatt. Nach vollbrachter Tat gehorchte ich seinem Befehl, dass ich einem vorgegeben Weg folgte, und verlief mich in dem Stadtteil.

Als ich um eine Ecke bog, kam Roland auf mich zu. Ich wäre fast weggerannt. Meine Brust platzte. Er hielt mich an. Eingehakt gingen wir weiter. *Das ist gut.* Er hatte mich überwacht. Ich war schweißnass vor naiver Verlegenheit. Freude, die Angst beherrscht zu haben! Glück, ihm so nah zu sein! Wenige Minuten, die für immer eingegraben waren.

*Hast du einen Decknamen?*

*Odile.*

*Also Odile, morgen Mittag vor diesem Zeitungskiosk.*

In diesem Novemberanfang 1942 wurde ich permanenter Untergrundkämpfer der kommunistischen Jugend. Man verwendete die männliche Form. Gewöhnlicher Sexismus.

In meinen ersten Untergrundmonaten in Paris hatte ich viel freie Zeit, ohne sie nutzen zu können. Ausgänge, die nicht organisiert wurden, waren uns aus Angst vor Razzien verboten. Wenn wir uns gelegentlich einen Verstoß gegen die Disziplin erlaubten, war es besser, die schicken Viertel aufzusuchen als den *Marais* oder das *Quartier Latin*. Ich habe in diesen Wartestunden sehr viel gelesen und sogar auf einer Maschine stricken gelernt, die wir heil in einem unserer Verstecke gefunden hatten, wo sie stehen gelassen worden war.

Ich war der *Organisatorische* im Dreieck (die geometrische Figur war die Basis für die Organisation der politischen und militärischen Strukturen der Kommunisten), deren andere beiden Mitglieder der *Technische* und der *Politische* waren. Letzterer musste dafür sorgen, dass unsere Flugblätter und Zeitungen auf Linie waren. Der Technische war der Drucker, er verwaltete die Verstecke, in denen sich der Hektograph befand; während der Organisatorische die Arbeit der Gruppe organisierte: Flugblattverteilung; das Wort auf Märkten und in

Kinos ergreifen; kleine Diebereien wie das Stehlen von Papier oder Fahrrädern; Schutz der *Sportler*, die bewaffnete Aktionen machten; er stand in Kontakt zu seinem Vorgesetzten, der ihm die Befehle der Leitung übermittelte, monatlich den Umschlag gab, der den Betrag enthielt, der seinem Gehalt und dem seiner Mitarbeiter entsprach, wenn sie im Untergrund waren. Ein lebensnotwendiges Minimum, das knapp kalkuliert war. Bestimmte unvorhergesehene Ausgaben, zum Beispiel Fahrten mit dem Fahrradtaxi, um einer Verfolgung zu entgehen, konnten einem erstattet werden.

Das war Routine, die jedoch manchmal durch überraschende Befehle umgestoßen werden konnte, die meistens mit der Verhaftung von Genossen verbunden waren, weil sie mit der eigenen Gruppe Kontakt gehabt hatten.

Die (wie die russischen Puppen) ineinander gestapelten Dreiecke begrenzten die Hekatomben von Menschenopfern und machten die kommunistischen Gruppierungen effektiver als andere, deren künstlerische Schwammigkeit in der Organisation sie anfälliger für Verhaftungen machte.

Als ich dann der Kurier einer wichtigen Verantwortlichen der Kommunistischen Jugend in der Pariser Region wurde, hatte ich keine Minute mehr frei für mich. Jeden Tag musste ich Botschaften an zwei, drei, manchmal gar vier Aktivisten überbringen, was mich dazu brachte, kreuz und quer durch ganz Paris zu ziehen, wenn ich nicht auch noch die kleinste Sackgasse in einem entlegenen Vorort finden musste. Das war Jogging zu jeder Jahreszeit und bei jedem Wetter. Der vom Untergrundkämpfer praktizierte Sport war nicht nur körperlich, sondern auch im Kopf, insbesondere für Leute wie mich, die nie ein Notizbuch hatten. Als ich diese Stelle verließ – man nannte sie *Verantwortlichkeit* –, um Sekretariatsbote eines Mitglieds der Partei zu werden, lief ich weniger herum. Ich befasste mich mit den Briefkästen, was mir die Gelegenheit bot, in einem fast normalen Rahmen mehrere Menschen täglich zu treffen, von denen mich bestimmte Leute in ihre Hinterzimmer oder Küchen einluden.

Ich musste auch Flugblätter redigieren und Artikel korrigieren. Mein Chef bezeugte eine Art Zuneigung für mich, die manche flüchtigen Blicke oder Gesten verrieten, wenn unsere Treffen länger als zehn Minuten dauerten. Einige Indizien ließen mich vermuten, dass er in mir seine eigene verschwundene Tochter sah oder eine, die er gern gehabt hätte. Seine mürrische Miene, überlagert von treffenden Ausdrücken voll sanfter Güte, machte ihn mir sympathisch, insbesondere wenn er vergaß, in den Text der Kopie, die ich korrigiert hatte, wieder das Schimpfwort *Boche* einzufügen, das ich durch *Nazi* ersetzt hatte. Eines Tages besonders zufrieden über meine Arbeit gestand er mir im Ton eines Freundes und nicht eines *Genossen*, mit meinem *Betreuer* über mich gesprochen zu haben. Diesem großen und schweren Dreißigjährigen gefielen zweifellos meine Antworten in seinem Verhör, denn er machte mich zum Kandidaten für Verantwortlichkeiten. Das war *Francis Cohen*, der Korrespondent der *Humanité*[18] in Moskau wurde, wo ich ihm 1956 begegnete.

In der Hierarchie der Aufgaben eines Terrorismus-Lehrlings kamen nach der *Collage* der *Abwurf* und *das Wort ergreifen*, die Waffen waren für später.

Mein erster Abwurf war denkwürdig… Ich sollte mich unter die Menge mischen und im Gehen drei oder viermal ein Bündel Blätter über die Schulter werfen. Die Flugblätter fielen auf das Pflaster, blieben dabei manchmal an der Jacke eines Passanten hängen, der sie heimlich in seine Tasche gleiten ließ oder aber, was meistens geschah, ihnen auswich, als würden sie ihn verbrennen. Einige Personen sammelten die heruntergefallenen Blätter auf, um sie vor böswilligen Blicken geschützt

18 AdÜ: Kommunistische Tageszeitung

zu lesen. Man musste sich schnell entfernen, ohne panisch Verdacht zu erwecken.

Ein anderes Mal war ich in der Rolle des Ausbilders. Die auf der Matrize abgezogenen Blätter im Heftformat waren mir in Zeitungen eingewickelt übergeben worden. Auf einer Zeichnung stand in Schönschrift: *Kommunistische Jugend*. Das Ziel war, die Arbeiter einer Fabrik für elektrisches Material im 15. Bezirk von Paris zur Sabotage anzustacheln. Ich hatte ein Blatt behalten, um den Text zu kontrollieren. Ich zog es unter der Lampe an der Metrostation *Convention* hervor. Indem ich mich an einen Papierkorb lehnte, nahm ich eine Haltung ein, als würde ich auf einen Freund warten. Anscheinend war der Umdrucker verschmiert. Nur einzelne Satzfragmente waren lesbar. Ich bereitete mich darauf vor, Marcel, dem Techniker unseres Dreiecks eine patriotische Standpauke zu halten. Als ich ihm den Beweis seines mangelnden kämpferischen Bewusstseins unter die Nase rieb, konnte er nicht mehr ernst bleiben. Er wies mich darauf hin, dass unsere Prosa nicht nur den Wahrsagerinnen vorbehalten sein könne, weil die Fußwege vom Dreck und Nieselregen klebrig seien. Die Hauptsache sei, man konnte ‚Kommunistische Jugend' lesen!

Wir gehörten nicht lange zur selben Gruppe, Marcel und ich. Einige Monate später begegnete ich ihm, wie er nahe der *Bastille* ein schweres Paket trug. Er lächelte mir verkrampft zu, was mir *Gefahr* signalisierte. Es gab im *Marais*-Viertel eine Razzia. Einige Jahre nach Kriegsende traf ich ihn zufällig am Arm seiner Frau, die er in einer Widerstandsgruppe in Zentralfrankreich geheiratet hatte, wo er gekämpft hatte. Ich erfuhr von ihm, dass er mit meinem Freund Roland auf derselben Schulbank gesessen hatte. Ich besuchte ihn, damit er mir davon erzählte. Dort war seine Tante, eine Person ohne Alter. Sie war eine Überlebende. Sie sprach nur Jiddisch.

Einige Wochen war ich Spezialist für das Wortergreifen in Kinosälen. Gewagt und gefährlich, das setzte Erkundungen und Proben voraus. Man musste den Ort genau kennen und entscheiden, in welchem Moment der letzten Szene die Gruppe aufstehen sollte. Es war auch geboten, sich seinen kurzen Text immer wieder aufzusagen, um zu vermeiden, dass man sich an ihm verschluckt. Ich habe mehrfach den Film *Les Visiteurs du soir* gesehen, aber auch solchen Schund, der inzwischen nicht mehr auf dem Markt ist, wie *Le Lit à colonnes*, der bei meinem ersten Wortergreifen in dem einzigen Kino an der *Place Clichy* auf der Leinwand war. Gut trainiert, wie ich war, mochte ich diese Rolle gern, die ich mit einer sportlichen Herausforderung verband.

An diesem Abend lief alles normal ab. Ich ging in die Reihe, die mir zugewiesen worden war, und setzte mich auf die Stufe nahe dem Ausgang. Zwei meiner Gefährten waren schon da, einer der beiden hatte mir gerade das Megafon übergeben. *Ihr Tausende Franzosen und Abertausende junge...* Ich fühlte, wie meine Beine umklammert wurden. Sein Gesicht sah ich nicht. Er schrie lauter als ich. Niemand half ihm, nicht einmal die Deutschen, obwohl sie ziemlich zahlreich im Saal saßen. Vielleicht dank meiner Akrobatenlehre gelang es mir, mich freizumachen. Ich hörte, wie eine Frau mich zu schützen versuchte:

*Das ist ein kleines Mädchen, lasst sie!*

Laufen! Laufen, und dann wieder zu Atem kommen und sich fassen.

War es dieses Scheitern, dem ich eine Beförderung verdankte? Ich wurde Soyer (tschüss Odile), der Kurier eines Verantwortlichen von hohem Rang in der Untergrundorganisation der kommunistischen Jugend in der *Ile-de-France*. Das bedeutete, pausenlos durch Paris zu gehen. Noch heute empfinde ich selbst in der hintersten Gasse ein Gefühl von Dèja-vu.

Klamme Finger machten, dass ich die Angst vergaß, und Frostbeulen unterdrückten die Hungerkrämpfe. Nach dem Krieg erkannte ich unter den jungen Männern, die in der Politik eine Rolle spielten oder Häuptlinge der Kultur in der kommunistischen Partei waren, einige von denen wieder, die mir Botschaften anvertrauten.

Ich habe auch meine Ex-Verantwortliche, Claudine Petit, häufiger getroffen, deren erste Arbeiten in der Genetik ab 1947 eine außerordentliche wissenschaftliche Karriere ankündigten. Ich glaube, Roland war es, der auf Grund dieser häufigen Zufälle im Untergrund, wo unsere Sinne immer in Alarmbereitschaft und dadurch effiziente Empfänger für Gefahren waren, mich in Claudines Begleitung wahrgenommen hatte und mich unterrichtete, dass dieses Mädchen meines Alters einige Monate zuvor aus dem Gefängnis geflohen war, in dem sie auf ihr Ende wartete, nachdem man sie zum Tode verurteilt hatte. Die Offenbarung einer solchen Kühnheit verwandelte meine Wertschätzung wiederum vor jedem unserer täglichen Treffen in wirkliches Lampenfieber gegenüber dem Idol, das ich nicht enttäuschen durfte.

Nach einigen Monaten wurde Carré, früher Odile und danach Soyer, Verbindungssekretär eines gutmütigen Giganten, den ich etliche Jahre später auf einem Foto im *Rouge-Midi*, der kommunistischen Tageszeitung in Marseille, wiederzuerkennen meinte, wo seine Stellung als Bürgermeister einer Vorstadt im Osten von Paris angegeben war. Die kommunistische Jugend hatte mich an die Partei verliehen, ich fühlte mich anerkannt. Mehrere Wochen traf ich ziemlich häufig einen Aktivisten, einen *Alten* von mindestens 35 Jahren, dessen Redseligkeit im Kontrast zur üblichen Sparsamkeit der Wortwechsel zwischen Aktivisten stand. Seine Äußerungen schockierten oft meine neo-kommunistische Seele, insbesondere als er jubelnd vorhersagte: *Du wirst sehen, nachher werden wir Schreibtische mit mehreren Telefonen haben!*

## Roland

Dort stand er nahe dem Kiosk und las seine auseinander gefaltete Zeitung. Schwindel! Wackelige Beine! Galoppierendes Herz! Ich wagte nicht, ihn anzuschauen. Er sagte mir da jedoch nicht, dass sein Herz auch bis zum Hals schlug.

*„Du kennst Paris noch nicht, ich werde dich die Stadt entdecken lassen…“*

Ich dachte, das sei eine Aufgabe zu meiner Initiation. Wir begannen bei der *Contrescarpe*, gingen dann hinab nach *Maubert* und zu den Kais. Auf dem *Pont Marie* ergriff er meine Hand. Ich fing an zu schluchzen. Das Wachrufen unseres Kusses überwältigt mich bis heute. Ich hatte noch andere Lieben, Leidenschaften, angenehme Erinnerungen, aber deren Gefühle sind vergangen. Unsere Herzen weiteten sich vor Glück, als wir den ganzen Tag durch Paris wanderten: Ich liebe Paris! Wir gingen dann zu ihm nachhause in den *Boulevard Bonne-Nouvelle*[19], ein symbolischer Name! Wir hatten keine Schuldgefühle, uns zu lieben, in Unwissenheit der Sicherheitsregeln, die von der Partei erlassen worden waren. Wir beschlossen, dass nichts die Unabwendbarkeit verhindern konnte. Wir würden nichts sagen!

Ein paar Tage später wurde ich fest engagiert. Ich war in den Untergrund gegangen und Widerstandskämpferin in Vollzeit. Wir lebten abwechselnd in unseren beiden Verstecken, wobei wir das mit dem Ehebett zu unserer Hauptwohnung machten. Roland war sein Pseudonym, Vergnes nicht sein Name. Er hieß Rainer Juresthal. Er war Jude und Deutscher. Ich glaube, Trotzki ist es, der sagte: *Ich kenne keine persönliche Tragödie.* Welch ein Defizit! Der Untergrund ist ein Mikrokosmos, in dem sich das Leben als Imitation jener Gesellschaft organisiert, die man bewusst verlassen hat, obwohl die Begegnungen dort

19 AdÜ: Gute Nachricht

programmiert werden. Es gab viele Heiraten, Scheidungen und Wiederholungsheiraten in dieser Zeit, die für die Glücklosen kein Morgen hatte und für die Glückspilze fröhlich war. Chabrol[20] sah weiterhin *eine Frau unter der schwarzen Fahne* der Kommune. Die rote Fahne und die Trikolore beflügelten auch unsere Leidenschaften. Roland hatte nur eine.

Tragödie unserer geknebelten Liebe im Untergrund. Nicht mit Schwung hinausschreien können, wie schön, wie intelligent er ist. Allen und ganz besonders dem *Kader*, dem *Inspektor* oder genauer gesagt dem *Staatsanwalt* müssen wir die Ursache unserer Lebendigkeit verbergen.

Ist diese Unterlassung schlimmer als die des Journalisten der *Humanité*, der das verschwieg, was uns einer seiner Moskauer Freunde, bei dem wir im Oktober 1956 gemeinsam zu Abend aßen, über seine Erfahrung von siebzehn Jahren Konzentrationslager beschrieb?

---

20 AdÜ: Der Filmemacher Claude Chabrol

## Ungehorsam

Im Monat Januar 1942 war unser Versteck eine enge Einzimmerwohnung (meine) in einem Block Ecke *Avenue Janvier* und *Avenue de la Seine* am Anfang von *Asnières*. Wir hatten für unsere kompromittierenden Güter ein Versteck ausgekundschaftet auf dem benachbarten Hundefriedhof, der von alten Frauen sehr frequentiert wurde, die ihren fadenscheinigen Mantel fest an sich drückten, in der Hoffnung dort ein wenige Wärme einzuschließen. Die Deutschen begruben ihre großen Wachhunde nicht dort. Außergewöhnlich. Es war mir bestimmt, dort auf eine nach Shalimar duftende elegante Dame im Silberfuchs zu treffen, die von ihrem Haushofmeister begleitet wurde, der Blumen und Regenschirm trug. Der Grabstein unseres Lagers ließ vermuten, dass die Herren des Getreuen seit langem schon auf dem Menschenfriedhof ruhten.

Wir hielten dank der Pakete durch, die meine Eltern mir jede Woche über zwei befreundete Familien zukommen ließen. Ich war ja im Untergrund, hatte falsche Papiere und keinen festen Wohnsitz. In den köstlichen Gerichten, die mit seltsamen Zutaten, die als ungenießbar galten, zubereitet wurden, erkannte ich die Handschrift meiner Oma. In dieser Woche, am Ende eines Nachmittags, ging ich also zu den *Borel*, um die kostbare Sendung abzuholen. Sie wohnten an den Stadttoren von Paris. Es war ein Komplex von Wohnblöcken aus Ziegeln in der Nähe der Studentenwohnheime, nicht weit von der *Porte d'Italie*. Dieser Bereich zwischen den Häusern und dem Stadttor war unbebaut und trist. Elisabeth kümmerte sich um das Gebäude. Ihr Mann war Motorradfahrer für den Zustelldienst *Hachette*. Das war ein Beruf. In die Provinz lieferte er die nationalen Tageszeitungen. Die Luftpostgesellschaft war zuständig für die weltweiten Distanzen. Für schnelle Lieferungen war er von der Polizeipräfektur dienstverpflichtet worden.

Ich klingelte, Babeth[21] öffnete mir: *Da bist du ja. Welch ein Glück, denn es ist nötig, dass die Resistance eine jüdische Familie aus dem 13. Arrondissement rettet, wo heute Nacht oder in einer der folgenden Nächte eine Razzia stattfinden wird.* Ich habe mich erkundigt, woher sie es wusste. Es handelte sich in der Tat um einen hochrangigen Polizisten von der Pariser Polizeipräfektur. Borel hatte dort einen Freund, der ihn informierte, dass im Viertel um den *Place d'Italie* eine Razzia unmittelbar bevorstand. Er war einer der Gerechten, vermutlich auch im Widerstand. Ohne ihn hätte ich Daniel und Simone nie gerettet.

Ich erfuhr, dass es sich um die Familie des Bäckers aus der *Rue du Moulinet* handelte, die von einer weiteren Gerechten (natürlich wurde sie nicht dafür geehrt) versteckt wurde: der Hausmeisterin Victoria, Babeths Tante, glaube ich. Auf einem Dachboden in der *Rue du Moulinet* versteckte Victoria die Familie, die der vorangegangenen Razzia entwischen konnte. Diese Chance würde sie nicht mehr haben, wenn alle Häuser durchsucht würden, was der Informant von Borel glaubhaft versicherte: *Du musst die Chefs der Résistance warnen. Sie müssen was tun.* Die abstrakte Résistance von Babeth dürfte eine Vereinigung von Zauberern gewesen sein.

Ich wollte sie nicht enttäuschen und verließ sie mit der Zusicherung, dass ich tun würde, was ich könnte. Was? Ich lief herum oder besser gesagt irrte durch die Zone, die damals die *Place d'Italie* umgab. Was tun? Ich hatte geschworen: Niemals die Partei in Gefahr bringen. Überhaupt keine isolierten Aktionen. Keine Initiative. Kein individuelles Vorgehen. Noch einige Schritte mit Blei in den Sohlen, dann lief ich mit Flügeln an den Füßen zu ihnen hin. *Ich werde sie retten…* Wohin sie führen? Ich dachte an unser anderes Versteck, das von Roland, aber ich hatte den Schlüssel dafür nicht. Ein Hotel in der *Rue Casette*, das Freunden meiner Eltern gehörte, aber würden sie

21 AdÜ: Kurzform von Elisabeth

zustimmen, wo doch die Deutschen vor Ort waren? Ich werde mir was einfallen lassen.

Ich ging also wieder zu Victoria, die mich zum Versteck brachte, das sie allein kannte und mit ihren eigenen Schlüsseln öffnete. Es war klar, dass keiner der Anwesenden das Versteck hatte verlassen können, weil er sonst denunziert worden wäre. Victoria sorgte für die Verpflegung und alles andere. Nach meinen Berechnungen musste es schon sechs oder sieben Wochen lang sein, denn Victoria hatte nach einer nächtlichen Razzia gehandelt, die in ihrem Stadtteil gegen jüdische Geschäfte stattgefunden hatte. Nachdem die französischen Nazis vorbeigekommen waren, gab es keine Bäckerei von Herrn Lisopravski mehr, kurz Liso genannt. Ich habe sie Ende September 1944 wiedergesehen, da war sie immer noch geplündert. Victoria führte mich auf den Dachboden. Während wir hochstiegen, erklärte sie mir, dass es sich um den Bäcker ihrer Straße handelte, *ein guter Mann, Witwer mit zwei Kindern von vierzehn und sechzehn Jahren*. Sie waren vier und ein Baby. Im Versteck befanden sich der Bäcker, ein vierzigjähriger Mann, seine Kinder, ein Junge und ein Mädchen, die etwa mein Alter hatten, sowie eine Frau mit Baby, die Frau seines vor einigen Monaten verhafteten Angestellten, als sie die Bäckerei verwüstet hatten. *Das ist erbarmungslos! Wann wird das alles enden?* ... wiederholte Victoria mehrfach.

Sie stellte mich Vater Liso als Verantwortliche der Résistance vor. Ich sagte, dass ich käme, sie zu retten, weil ich wisse, dass diese oder nächste Nacht eine Razzia im Viertel stattfinden würde, was ihm anscheinend mehr Angst machte, als dass es ihn beruhigte. Es gab einen Moment der Erstarrung. Er schien mir alt für einen Vater. Die junge Mutter ihrerseits machte den Eindruck großer Zerbrechlichkeit. Ihre Blicke irrten zwischen dem Gesicht von Herrn Liso und meinem hin und her. Die *Kinder* waren deutlich größer als ich. Der Vater umarmte sie. Daniel, der Junge, hörte mir zu; er schüchterte mich ein.

Es gab eine heftige Auseinandersetzung auf Jiddisch. Der Vater küsste seine Tochter Simone und wiederholte *Simré, Simré*.... Er hatte kein Vertrauen und wollte mir trotz der Aufforderungen von Victoria nicht folgen. Plötzlich riss Daniel sich los und zog hastig seinen Mantel an, einen Moment später tat Simone es ihm gleich. Bevor ich ging, wendete ich mich erneut an die Mutter und versuchte, mit Herrn Liso zu reden. Er antwortete nicht.

Ich vermute, er war zu bewegt. Ich begriff, er riet der Mutter ab, mir zu folgen, weil er kein Vertrauen in die Göre hatte, die ich bestimmt in seinen Augen war. Ich wendete meinen Blick ab, ihr Schluchzen zerriss mich. *Und wenn dieser Vater recht hatte? Wenn die Information über die Razzia falsch war?*

Eine andere Hypothese: Da alles in ihrem Versteck gut ging, hatte er die Hoffnung, nicht entdeckt zu werden. Das würde erklären, warum er seine Kinder zurückhalten wollte. Wie mir eine Freundin von der Gedenkstätte für den Holocaust sagte, war eine solche Haltung verbreitet.

Dritte Hypothese: die von Daniel und ich glaube von Simone ebenfalls. Ihr Vater war gegen ihren Weggang, aber als seine Kinder entschieden zu gehen, hat er sich gesagt, dass man zu dritt eine gewisse Chance hätte, während zu fünft das Risiko zu groß war, obwohl er sie ungern allein in dieses Abenteuer mit ungewissem Ausgang schicken wollte.

Ich denke, dass ich nicht in der Lage war, mit Herrn Liso zu reden, der mich tatsächlich beeindruckt hat. Außerdem habe ich ihn nur Jiddisch, angereichert mit einigen Brocken Französisch, reden gehört. Victoria hatte auf uns gewartet und schloss die Tür. Wir gingen hintereinander aus dem Haus. Sie führte uns und sagte mir, dass Herr Liso gut Französisch sprach. Da hätte ich sofort zu ihm zurückgehen sollen, was ich nicht tat. Ich fühle mich deshalb schuldig.

Diese Augenblicke waren so voll mit Gefühlen, so voller Liebe. Wir alle weinten.

Da waren wir also auf der Straße. Es war zwischen 19 Uhr 30 und 20 Uhr und schon dunkel. Was tun? Wo sie verbergen, bevor sie in Dinan in Sicherheit wären, denn ich wusste schon, dass meine Eltern ohne Zögern Simone und David übernehmen würden. Ich hatte die Idee, die Familie Pouliquen zu fragen, enge Freunde meiner Eltern, die aus *Bourseul* in der Bretagne stammten, in der Nähe von *Plancoet*, und genau wie die Borel meine Pakete empfingen, ob sie zwei oder drei Tage bei ihnen versteckt werden könnten, solange bis ich meine Eltern kontaktiert hätte. Die Pouliquen waren Eigentümer des Hotels *Le Casette* (heute sind es Wohnungen) in der *Rue Casette*. Das Hotel war zum Teil von Deutschen besetzt, die meisten von ihnen von der russischen Front zurückgekehrt und des Krieges und Hitlers überdrüssig, wie Frau Pouliquen sagte. Bei Leuten zu sein, die ein beschlagnahmtes Hotel führten, schien mir ein gutes Versteck; aber bei längerem Nachdenken fragte ich mich, ob ich nicht zu sehr unter dem Einfluss von Frau Pouliquen stand: wenn sie sich nun täuschte?

Trotz der Verbote der Partei und der schon vorhandenen Probleme, die zu lösen waren (man wird gleich sehen welche), beschließe ich, sie mit in meinen Unterschlupf zu nehmen, der sich im ersten Haus der Avenue von *Asnières* befand, in Verlängerung der Brücke, wenn man von Paris kommt.

Das Versteck von *Asnières* war ein Ein-Zimmer-Appartement im 2. Stock ohne Fahrstuhl, aber mit einem sehr breiten Treppenhaus. Für die damalige Zeit war es ein modernes Gebäude. Im Untergrund wechselte man oft die Unterkunft, die man sich nicht aussuchte; bei uns in der KP gab man dir einen Schlüssel mit Adresse, und auf der Stelle zogst du um. Außerdem muss man wissen, dass uns nicht erlaubt war, als Paar zusammen zu leben. Roland und ich wohnten aber in meiner Wohnung, weil sie bequemer war als sein Versteck, wo ich einen Moment lang gedacht hatte, Simone und David unterbringen zu können. Wir lebten zusammen und hofften, nach Kriegsende zu heiraten. Da wir im Untergrund waren, erfuhr ich nie Rolands Rolle, ich weiß nur, dass er es war, der mein Treffen mit den Pariser *JCC* bestimmt hatte. Ich habe nie mit ihm über meine Aktionen gesprochen und er nicht über seine.

Als wir schon in die Metro-Station gingen, bemerkte ich den gelben Stern auf Simones Mantel. Sie riss ihn nach einem zweifelnden und angstvollen Blick zu ihrem Bruder ab. Es dürfte 20 Uhr gewesen sein.

Sirene. Bestürzung. Lautsprecherstimme, die den sofortigen Halt des Zuges und die Ausgangssperre in einer halben Stunde ankündigt. Wir waren in der Station *Havre-Caumartin*. Unmöglich, nach *Asnières* zu gelangen! Wenn wir schnell gingen, könnten wir vielleicht zum Stadttor nach *Clichy* kommen. Mit Glück würde die Ausgangssperre nicht für die Vororte gelten? Die Vorstellung marterte mich, dass wir die Verhaftung riskierten, während sie auf ihrem Dachboden vielleicht hätten entkommen können? Sobald wir auf den Befestigungsanlagen waren, wurde die Kälte noch beißender; aber unser schneller Schritt schützte uns. Niemand auf der Straße, die Ausgangssperre ging bis an den Stadtrand. Kein kleines Lämpchen, eine triste Ebene. Wir erblickten trotzdem einen Radfahrer, es war ein Deutscher, der auf seinem Rad saß wie jeder andere auch. Meine Anspannung war so stark, dass ich nicht die Worte fand, die ihnen hätten helfen können. Ich weiß die Entfernung zwischen der *Rue Caumartin* und dem Ortsanfang von *Asnières* nicht genau, es ist weit. Ich selbst war trainiert, aber sie! Sie hatten Mühe. Ich fühlte mich einer Entführung schuldig. Ich überlegte, ob ich sie nicht bei den Hunden so lange lassen sollte, bis ich Roland um Rat gefragt hatte. Man musste auf verdächtige Bewegungen aufpassen, die auf der *Place Janvier* immer möglich waren, weil dort das Kommissariat lag. Ich versuchte, mir ihre Bedrängnis, ihr Bedauern, ihre Fragen und Befürchtungen, ihr Leiden vorzustellen. Ihr Mut beeindruckte mich, sie schienen keine Angst zu haben. Wäre ich kein Einzelkind gewesen, wäre mir vielleicht die Rolle der großen Schwester leichter gefallen. Ich dachte an meine Eltern, ich wusste schon, ohne es deutlich zu formulieren, dass sie Simone und Daniel aufnehmen würden. Diese Gewissheit machte mir Mut. Ich revidierte meine Entscheidung: Wir werden gemeinsam ins Haus gehen. Ich konnte mich nicht entschließen, sie allein zu lassen, nicht einmal eine Viertelstunde – bei diesen eisigen Nebelschwaden, die von der Seine hochstiegen und Menschen wie Dinge mit einem Lichthof aus Angst einhüllten. Endlich kamen wir an. Roland war da. Eine Sekunde der Befragung, bevor er mich sehr fest in die Arme schloss. Ich erzählte ihm detailliert den Besuch im Versteck der Lisos, wie Victoria die Lisopravski nannte. Ich formulierte Hypothesen, die Herrn Lisos Widerstand erklären sollten, und schämte mich dafür, dass ich ihn nicht überzeugen konnte. Ich wollte versuchen, ihn zu überzeugen, dass er sich mit der jungen Mutter und ihrem Baby uns anschließt. Der Beschluss wurde gefasst, dass Roland einen neuen Versuch am nächsten Morgen machen würde, wenn die Chance bestand, dass die Razzia noch nicht stattgefunden hatte. So war es. Das kleine Mädchen aus der *Rue du Moulinet* wurde gerettet und sofort der jüdischen Hilfsorganisation für Kinder *Oeuvre de Secours aux Enfants* OSE übergeben, in der Roland Leute kannte. Das sehr hübsche Baby kam zu einer Amerikanerin in Los Angeles. Wenige Stunden später fand die Razzia statt. Seine Mutter und der Vater von Simone und Daniel gehören zu den Opfern des Holocaust.

Die Partei verteilte Lebensmittelgutscheine an uns, darunter Babynahrung. Am selben Tag oder einen Tag später, bevor ich in die *Rue du Moulinet* ging, begab ich mich, reich an falschen Berechtigungsscheinen für Baby-Kost, zur Apotheke, die diese kostbaren kleinen Gläser ausgab … Da kam eine junge Frau mit gesenktem Kopf angerannt und stieß mit mir zusammen, ich nahm sie in die Arme: das war Marcelle Quiqueré. Als ich sie auf einem Jugendherbergstreffen in der *Charente* zwei Jahr zuvor zusammen mit ihrem Mann Georges kennengelernt hatte, erwartete sie ein Kind. Außer Atem, verstört versuchte sie, sich loszumachen, bis sie mich erkannte: *„Sie sind bei mir zuhause!“* „Sie“, das war die französische Polizei, die wahrscheinlich gerade ihren oder Georges Vater verhaftet hatte (das weiß ich nicht mehr), einen bekannten christlichen Gewerkschafter. Tatsächlich waren die Quiqueré damals katholische Aktivisten, obwohl Georges, der auch im Untergrund war, nach dem Krieg bis zu seinem Tod ein kommunistischer Gemeinderat in *Gennevilliers* war.

Ich versuchte, sie zu beruhigen, aber sie rannte wieder fort und zog mich mit. Wir versteckten uns in meinem Unterschlupf. Ich konnte nicht anders. Sie erklärte mir, dass sie mit ihrem Mann und ihrem kleinen Jungen im ersten Stock des Pavillons ihrer Eltern in *Gennevilliers* wohnte. Die französische Polizei suchte ihren Vater und wollte ihre Wohnung umzingeln. Sie hatte fliehen können, wohingegen ihre Mutter und ihr Kind die Szene aus dem Gärtchen der Nachbarn erlebten. Seitdem rannte sie, und jetzt schluchzte sie. *Das sind die Nerven* hätte meine Großmutter diagnostiziert. Georges Quiqueré, ihr Mann, würde am nächsten Tag an der *Gare Montparnasse* mit einem Koffer Lebensmittel ankommen – man nannte das Versorgung. Wir mussten ihn abfangen. Roland und ich wechselten uns ab. Er wurde der sechste Bewohner unseres winzigen Einzimmerappartements, den niemand erkennen durfte.

Ein bisschen Getuschel mit Roland. Wir beschließen, ihnen zu verheimlichen, dass Simone und David Juden sind. Wir erzählen, dass sie von meinen Eltern kommen und die Pakete mitbringen, um Paris zu besuchen. Ich bin nicht sicher, dass die Quiqueré sich haben täuschen lassen.

Seit zwei Wochen wurde verhandelt, schließlich blieben mir vier Tage. Roland und ich beschlossen, dass ich nach *Dinan* zu meinen Eltern fahren sollte, nachdem ich meinem Vorgesetzten gegenüber vorgegeben hatte, krank zu sein.

Ich hatte einen Termin bei der, *die Sie unter den besten Hygienebedingungen befreit*. Anstatt nach dem Eingriff[22] mich auszuruhen, sprang ich in den ersten Zug, der in Richtung Bretagne fuhr, um meine Eltern zu treffen. Wie vorgesehen zögerten sie keinen Moment, als ich sie bat, Simone und Daniel in ihre Obhut zu nehmen. Wir bereiteten uns darauf vor, nach Paris zu fahren, mein Vater und ich, als ich einen Anruf von der *Engelmacherin* erhielt. Auf Rolands Wunsch hin sollte ich zu ihr kommen. Sie fügte hinzu, dass außer Frage stünde, zu allererst *Fidèle*[23] einen Besuch abzustatten! Ich dachte natürlich an Verhaftung. Roland öffnete mir, meine seit dem Anruf verkrampften Muskeln entspannten sich mit einem Schlag auf seiner Schulter. Meine Rundreise hatte zweieinhalb Tage gedauert.

Was passiert war erfuhr ich von den Protagonisten dieses traurigen Abenteuers. In unserem Haus befand sich eine Etage tiefer ein Versteck für den Druck von Flugblättern und anderen Kampfschriften. Der Zufall wollte, dass Roland den Techniker Marcel traf (den Verantwortlichen für die Orte, an denen Flugblätter und Zeitungen mit einem Hektographen vervielfältigt wurden), den er kannte (was niemals hätte passieren dürfen). Roland war einige Monate zuvor Marcels Vorgesetzter im Untergrund gewesen. Ich weiß nicht, welche Argumente er vorbrachte, dass Marcel ihm einen zweiten Schlüssel für den Raum machte, der im ersten Stock unter meiner Wohnung lag.

Am Abend meiner Abfahrt hatten Marcelle und Georges in meiner Wohnung geschlafen, während die Anderen –

22 AdÜ: Anne hat offenbar Schwierigkeiten, darüber zu schreiben, dass sie von Roland schwanger war und abgetrieben hat.

23 AdÜ: Fidèle ist der Getreue, der Anhänger oder Gläubige, in diesem Fall die Engelmacherin.

Roland, Daniel und Simone – sich diskret in der Etage darunter hingelegt hatten. Roland hatte erfahren, dass es ihr vierter Hochzeitstag war, und den Quiqueré deshalb das Ehebett überlassen. Jean-Claude Quiqueré, ihr Sohn, der als Fotograf Jean Sein heißt und den ich gelegentlich treffe, wurde nach Aussage seiner Eltern in jener Nacht gezeugt!

Um 5 Uhr am nächsten Morgen Stiefellärm und Kolbenschläge gegen die Tür (von meiner Wohnung). Die Gestapo brach die Tür auf. Marcelle war es gelungen, eine Etage tiefer Roland, Simone und David von diesem Besuch zu informieren. Von unserer Hauswand entfernt durch einen Spalt von ungefähr einem Meter sah man unter dem Fenster im 1. Stock die Dachterrasse des Kinos, das neben dem Café-Restaurant im Parterre lag. Wenn man seine Angst beherrschte, konnte man auf die Terrasse gelangen und mit Glück sich in den Garten fallen lassen, der zur Straße hin ging. Sie sprangen und erreichten nach weiteren akrobatischen Kunststücken den Garten eines Anwesens am Seine-Ufer. Sie hörten: „*Rauss!*“ Sie verstanden, dass Marcelle, Georges und ein anderer Typ, der im Treppenhaus war, verhaftet wurden. Georges wurde nach Deutschland deportiert und kam im April nach Sachsenhausen ins Lager, aus dem er wiederkehrte. Marcelle wurde dank der Intervention von Schweden, aus *Drancy* befreit, weil sie schwanger war. Neun Monate später brachte sie Jean-Claude zur Welt.

Simone, Daniel und Roland konnten sich in einer Gartenlaube verstecken, wo sie eine graue Bluse fanden, die Simone einigermaßen passte. In dieser leichten Aufmachung lief sie nach Paris, wo sie nahe der Metrostation *Fourche* zu einer mit Roland befreundeten Hebamme ging.

Die hat sofort gehandelt und Kleidung für die drei Flüchtlinge gefunden, die sie solange beherbergt hat, bis ich mit meinem Vater kam. Roland und ich sind dort ein paar Tage bis zum Urteilsspruch der KP geblieben: sofortige Trennung, Roland nach Clermont-Ferrand, ich nach Lyon – in Untergrundbewegungen, die der KP unterstanden.

Theoretisch hatte man mich verhaften wollen, doch deuten Indizien, die ich nach dem Krieg gesammelt habe, darauf hin, dass sie es auf meinen Vorgänger im Unterschlupf abgesehen hatten.

Ich sah Marcelle 1960 wieder. Sie war Generalsekretärin einer Hilfsorganisation kommunistischer Tendenz, dem *Volksrettungsdienst*[24]. Sie weigerte sich, für mich in meinem Prozess (wegen Unterstützung des *FLN*) auszusagen. Sie konnte die Befehle ihrer Partei nicht verweigern, weil sie dann ihren Platz an der Spitze einer Organisation hätte aufgeben müssen, die *vollkommen frei von jeglichem politischen Einfluss* war, wie die kommunistische Partei PCF niemals kund zu tun verpasste.

Was Georges betrifft konnte ich ihm in einer Adoptionsangelegenheit helfen, als er 1963 nach Algier kam, um meine Unterstützung zu erhalten, als ich Mitglied des algerischen Kabinetts für Gesundheit und soziale Angelegenheiten war.

Die Fahrt von Simone und Daniel nach *Dinan*: Mein Vater hat für sie die Fahrkarten Paris-Rennes gekauft und ihnen ausführlich erklärt, was sie tun und sagen sollten. Er selbst nahm noch am selben Tag einen Zug, denn er musste in der Nähe von *St Cast* in einem Bunker Geld abheben, da sein Passierschein, der ihm einen kurzen Aufenthalt in der verbotenen Zone erlaubte, am nächsten Tag ablief. Das hat mir meine Mutter erzählt. Also sollten Daniel und Simone in *Rennes* aussteigen und wenige Meter auf der *Avenue Janvier* entlang gehen, um den Chef eines Restaurants zu treffen, der sie versorgen würde, während sie auf die Ankunft meines Vaters in einem gasbetriebenen Leihwagen warten sollten.

24 AdÜ : Secours Populaire

Nichts lief wie vorgesehen. Zufall! Als mein Vater nach *Rennes* abfahren wollte, wurde er zu einem Verhör auf die Kommandantur bestellt.

Er hat mir gesagt, dass die Gestapomänner vier Stunden lang versucht haben herauszufinden, wo ich mich befand. Papa hat begriffen, dass trotz der Nacht und meiner Vorsicht jemand mich gesehen hat oder gemeint hat mich zu sehen, und mich denunziert hat. Mein Vater hat es geschafft, dass sie geschluckt haben, er wisse nicht, wo ich mich befände und ich sei von zuhause mit einem Liebhaber ausgerissen. Er hat ihnen sogar den Namen genannt: *Jérôme*, ein Kreole aus Martinique (*wie schrecklich*). *Sie* (die Nazis) *konnten verstehen, dass* (selbst wenn ich nachhause zurückkehren wollte) *meine Eltern das nicht akzeptieren würden.*

Natürlich wusste mein Vater, dass mein Kumpel *Jérôme* sich *De Gaulle* in London angeschlossen hatte.

Mama, als sie ihren Jean nicht zurückkehren sah und die Zeit fortschritt, hat trotz ihrer Angst beschlossen, Daniel und Simone abzuholen. Aber da sie nicht Autofahren konnte, musste sie auf den Zug warten. Endlich war Marthe da. Sie sind nach Dinan aufgebrochen. Gescheit wie die kleine Marthe war, die nicht wusste, was mit ihrem Mann war, hat sie Daniel und Simone für drei, vier Tage sicheren Familien auf dem Lande anvertraut. Man kann sich ein weiteres Mal die Ängste der beiden vorstellen. Zuhause ging Simone als junge Nichte durch, die meine Eltern aufgenommen hatten, denn in der Gegend krepierte man vor Hunger. Als Gegenleistung musste sie Oma ein wenig in der Küche zur Hand gehen. Daniel hingegen war geheim. Früh am Morgen ging er als Lehrling zu einem Gärtner, einem Komplizen meiner Eltern, der die Bücher akzeptierte, in die sein Lehrling eintauchte, weil er sein Lernprogramm eines künftigen Abiturienten fortsetzte.

Mein Bruder Daniel und meine Schwester Simone kehrten nach dem Krieg zurück nach Paris. Die Wohnung über der Bäckerei war geplündert worden, aber man konnte in ihr leben. Ich habe die Beiden im Dezember 1944 wiedergefunden. Sie lebten seit ihrer Rückkehr ins befreite Paris dank der Hilfe jüdischer Organisationen für die Holocaust-Überlebenden und der Pakete meiner Eltern. Ihre Hoffnung, Eltern und Freunde wiederzusehen, wurde täglich geringer. In ihrer leeren Wohnung in der *Rue du Moulinet* entstand eine Art von Fouriers *Phalanstère*, in das ich immer wieder kam, wenn ich in Paris war: Jeder beteiligte sich gemäß seinen Mitteln an der Gemeinschaft.

So brachte einer von uns, der später Schönheitschirurg wurde, viele Münzen an dank seines Erfolges in Grimassen-Wettbewerben. Schinken und Würste waren schwieriger aufzutreiben, man musste auf einem traditionellen Fest bis zur Spitze des glatten *Cocagne*-Mastes hochklettern, wo sie angebunden waren. Am sichersten für die Verbesserung des Alltäglichen waren immer noch die Pakete meiner Eltern. Wir aßen oft in einem kollektiven Restaurant im *Marais*, das von einem jüdischen Verein geführt wurde, der sich um die alleinstehenden Kinder kümmerte. Ich glaube, ich war eine der wenigen Goys. Wir diskutierten viel über das israelische *Recht auf Rückkehr*. Simone war versucht, es zu tun, aber sie hätte nie Daniel verlassen. Ich widerlegte ihre Argumente, woraufhin sie mich zu einer Metro-Station führte.

Auf den Stufen in frischer Farbe:

*„Tod den Juden!“*

Ich hatte nichts bemerkt.

Deprimierende psychische Blindheit.

Heimlich haben Simone und Daniel sich an die Gedenkstätte *Yad Vashem* gewendet, und nach einer Untersuchung hat der Staat Israel an Jean, Marthe und Anne Beaumanoir den Titel *Gerechte unter den Völkern* verliehen, ein Begriff, der die Nicht-Juden bezeichnet, die den Juden in Gefahr im Zweiten Weltkrieg und dem Holocaust unter Einsatz ihres eigenen Lebens geholfen haben, ohne materielle oder andere Vorteile damit zu verbinden. Diese Auszeichnung wurde mir in Abwesenheit meiner verstorbenen Eltern verliehen. Auf der damit verbundenen Medaille steht: *Wer einen Menschen rettet, rettet die Menschheit.* Ja, wir hier wissen das alle: Jeden Tag kann jemand von uns die Menschheit retten, was die Anwesenheit der Kinder und Enkelkinder von Simone und Daniel bei der Zeremonie zeigte.

Sie sind nicht mehr da, aber leben in meinem Herzen.

## 1944

Die Hoffnung wärmte, der letzte Winter war da.

*Das wird schwer sein! Immer schwerer…* Die Metro wurde jeden Tag gefährlicher. Schon seit der Razzia vom *Vel d'Hiv*[25] war der letzte Wagen oft leer. Die Partei hatte ihn uns verboten. Es geschah an dem Abend, als ich wie tausende andere die Ohrfeige des *Affiche Rouge*[26] mitten ins Gesicht erhielt. Brüder, auch wenn ich sie nicht alle kannte, schauten mich an, verurteilten mich… Da ich nicht die letzte Bahn verpassen wollte, sprang ich in den hintersten Wagen. Nur ein Mädchen mit langen kupferfarbenen Zöpfen in Begleitung einer Dame in granatfarbenem Mantel ohne Stern saß in dem Abteil. Der unschuldige Blick des Kindes, als es einen seiner Zöpfe vor das Gesicht hielt, ihn mit seiner kleinen Hand verbarg und die Schleife in den Mund nahm, verfolgt mich noch immer. Seitdem steige ich nicht mehr in den letzten Wagen der Metro aus Angst, das Phantom dieses kleinen rothaarigen Mädchens mit dem gelben Stern auf seinem zu kurzen Mantel wiederzutreffen. Es tut mir weh wegen der Verletzung, die ich ihr zufügte, als ich in ein *arisches* Abteil wechselte.

Im Februar 1944 mussten wir uns vor der Partei rechtfertigen: Simone, Daniel, Marcelle und Georges. Wir wurden ohne Proviant fortgeschickt, Roland nach Clermont-Ferrand, ich nach Lyon. Wir trennten uns für immer unter einer Weißbuche im *Parc de la Tête-d'Or*[27]. Einige Monate später teilte mir eine große, blonde und gefällige Frau, deren Pseudonym ich vergessen habe und die mich *mein Kleiner* nannte, Rolands Tod mit und dessen Umstände.

---

25 AdÜ: Wintervelodrom. Razzia im Juli 1942

26 AdÜ: Das Rote Plakat mit den Fotos von Kämpfern und dem Text: Befreier? Befreiung durch die Armee des Verbrechens! Es sollte im Februar 1944 die Résistance als terroristisch und ausländisch diffamieren.

27 AdÜ: Park in Lyon

In *Riom* verhaftet war er aus dem Zug in Richtung Deutschland mit einem anderen Widerstandskämpfer geflohen, dem regionalen Verantwortlichen für die *Nationale Front*. Sie beschlossen, in einen *Maquis*[28] zu gehen, den letzterer kannte. Während einer Pause in einer Scheune wurden sie von drei französischen Milizionären aufgescheucht und getötet. Nach der Befreiung wurde der Prozess gegen die Mörder schnell beendet; sie leugneten vehement das Verbrechen und sogar ihre Zugehörigkeit zur Miliz.

1997 nach den Enthüllungen von Broué und Vacheron über die *Morde im Maquis*[29] habe ich mir die Frage gestellt: Wenn der Leidensgenosse von Roland ebenfalls ein rückfälliger halber Renegat war, wie waren die beiden dann im Maquis der *FTP*-Genossen empfangen worden? Die einzigen Zeugenaussagen waren die der Chefs des Maquis. Sie bestätigten, dass Roland und sein Gefährte nach drei Tagen und drei Nächten des Herumirrens im *Puy-de-Dôme* wenige Kilometer vor ihrem Ziel starben. Sechzig Jahre später ist Roland immer noch gegenwärtig, weil ich das Gesicht *seines* Todes nicht gesehen habe, wie er *adieu* sagt, und deshalb ist es mir unmöglich, das Verschwinden des geliebten Wesens zu verstehen.

Trotz aller Evidenz hielt ich mich nach dem Krieg in Paris auf, sobald die ersten Züge uns die Opfer des Holocausts brachten, weil ich die uneingestandene Hoffnung hatte, ihn in der Halle des Hotels *Lutetia* auftauchen zu sehen, wo die tot Überlebenden aus den Konzentrationslagern der Nazis empfangen wurden.

---

28 AdÜ: Widerstandsgruppe

29 AdÜ: Meurtres au maquis, Pierre Broué und Raymond Vacheron deckten auf , dass die französischen Kommunisten unliebsame Mitglieder, die nicht auf Linie waren, hinrichten ließen, insbesondere Trotzkisten .

## Lyon

Nach Paris und vor Marseille kam Lyon. Dorthin war ich nach meinem Akt von Ungehorsam, der Rettung von Daniel und Simone, strafversetzt. Mein *Kontakt* mit der kommunistischen Partei stellte sich mir zu meiner großen Überraschung als Aktivist der *Bewegung für die nationale Befreiung* (*MLN*, ehemals *Libération Sud*) vor, die in die *Vereinigten Bewegungen für die Résistance* (*MUR*) integriert war. Ich lernte so die Existenz und die Rolle der kommunistischen *U-Boote* kennen. Mein Staunen nahm noch zu, als ich meine neue Funktion erfuhr. Einige Tage nach dieser ersten Begegnung wurde ich *Porte* vorgestellt, Kommunist auch er. Ich wurde seine Untergebene im Kreis der *Jungen laizistischen Kämpfer* (*JLC*), die als Mitglieder der *MUR*-Jugend offiziell eine Organisation ohne irgendeine Verbindung zu den Kommunisten waren. Nach einigen Ratschlägen, die mir helfen sollten, meine verdoppelte Untergrundtätigkeit durchzustehen, übermittelte er mir Befehle und Wünsche der Partei: *innerhalb kürzester Zeit Vertreter der MUR-Jugend in der regionalen Organisation der Vereinigten Kräfte der patriotischen Jugend (FUJP) zu werden.*

Das war nicht mehr die Résistance, sondern Politik, und nicht von der edelsten Sorte. Um dieses Ziel zu erreichen, durfte man nicht mit beiden Füßen in denselben Stiefel steigen. Als ich an einer Aktion in Lyon zu Gunsten des Widerstands im Maquis teilnahm, als ich bis zum Fuß des *Mont Ventoux* ging, um den Verantwortlichen für die Baustellen der *Vichy*-Jugend[30] zu treffen und ihn zu überzeugen, sich uns anzuschließen, als ich mich in die Käffer in den Departements *Drôme* und *Ardèche* begab, stellte ich mir die Frage, wohin ich eigentlich gehörte: war ich Soldat dritter Klasse der kommunistischen Partei oder Handelsreisender einer der gaullistischen Bewegungen? Angesichts der mir zugestandenen Beträge wusste ich, das Letztere

30 AdÜ: Vichy, eine Kleinstadt im Zentralmassiv, war der Sitz der französischen Regierung.

mich finanzierten, was aber meinen Alltag nicht veränderte, weil ich die Differenz zwischen meinem üppigen Gehalt und dem, was mir die kommunistische Partei gewährt hätte, *Porte* gab, der auf diese Weise sein Gehalt mit dem Geld aus London aufstocken konnte.

Als die *JLC* es schafften, einen wichtigen Platz im Rahmen des *MUR* zu besetzen, traf ich einen jungen, schönen Mann, der fröhlich, aber auch empfindlich, Mitglied des nationalen Büros der *MUR* und regionaler Verantwortlicher der *FUJP* war. Er horchte mich aus, um herauszufinden, ob ich mich bereit für andere Funktionen fühlte, die er nicht klar benannte. Diese Schwammigkeit brachte mich dazu, dass ich mich fragte, ob er nicht argwöhnte, dass ich ein kommunistisches U-Boot sei. Sein tatsächliches oder eingebildetes Misstrauen hielt ihn nicht davon ab, mir ein Stück Schokolade anzubieten, ein Lebensmittel, das ich seit mehr als drei Jahren nicht gesehen hatte. Auf Grund dieser freundschaftlichen, zu anderen Zeiten banalen Geste geriet ich außer mir vor Freude; außerdem beruhigte mich dieses Geschenk: die frühere Welt mit ihren kleinen Vergnügen konnte wiederkehren. Ich hätte diesen Träger der Hoffnung gern wiedergesehen, leider wurde er mit anderen Genossen am 8. Juli 1944 in der Razzia der Polizei festgenommen, die mich nach Marseille führte. Dort erfuhr ich dann von seinem Tod. Er wurde praktisch im Todeskampf hingerichtet, nachdem man ihn zwei Wochen gefoltert hatte. Das waren unsere zwanziger Jahre.

## Ardèche

Ich werde nie erfahren, wem ich in Lyon zugeordnet war. Jede Woche traf ich einen Verantwortlichen der kommunistischen Jugend, der mir Befehle überbrachte. Ich nahm oft den Zug, aber marschierte noch mehr. Die *Drôme*. So kam ich nach *Dieulefit*, wo ich heute wohne. Die *Loire*, doch vor allem die *Ardèche*. In *Annonay* hatte ich meinen ersten Kontakt mit proletarischen Existenzbedingungen. Eine Familie von Gerbern, die in einer *Arbeiter*-Wohnung lebte, in einem großen Gebäude, dessen Füße im Fluss badeten, einer Kloake, in der die Felle wässerten. Der Gestank war unerträglich. Der schwache Anflug des Todes erfüllte alles: Gegenstände, Lebensmittel und Menschen. Die Armut schwitzte aus den schwarzen Mauern dieser Häuser mit klebrigen Treppen. Es war trist. Die Familie selbst war fröhlich. Zwei Paare, Eltern und Kinder. Die französische Fahne und die rote Fahne stritten sich zum Spaß am Fenster meiner Gastgeber: *Annonay war frei*! Das Werk von *Loyola*, dem ersten Widerstandskämpfer des Departements. Zwei Wochen später besetzten die Deutschen wieder die Stadt. Der Sohn wurde erschossen!

Anfang Juni in *Lamastre* war die Stimmung anders. Das Hauptquartier des Maquis saß in einem der Hotels am Platz, dessen Restaurant sehr renommiert war und bis heute blieb. Dort begegnete ich *Loyola*. Sein etwas ehrgeiziges Pseudonym sollte, wie mir schien, seine Zugehörigkeit zu einem katholischen Netz bedeuten. Er war ein schöner Mann. Seine fahlgelben, glänzenden Reiterstiefel verdarben sein aristokratisches Auftreten nicht, ebenso wenig wie die *Tommie*-Jacke seinem Prestige schadete. Loyola, den ich schon in Annonay getroffen hatte, das war *Jacques de Sugny*, der Politkommissar, der es auch für die befreite Republik der Ardèche blieb. Einige Jahre später besaß er die Höflichkeit, mich wiederzuerkennen oder so zu tun. An diesem Abend im Juni 1944, zwei oder drei Tage vor der Landung der Alliierten an den Stränden der Normandie, erkundigte er sich über meinen Auftrag und gewährte mir einen Motorradfahrer für meine Dienstreisen im Einsatzbereich. Meine Füße danken es ihm noch heute. Er lud mich an seinen Tisch ein. Die Mahlzeit *von vor dem Krieg* war ausgezeichnet und die Unterhaltung lebhaft, obwohl es nicht nur um Angelegenheiten von Waffen oder Politik ging. Wir sprachen ebenso wenig über Giraffen oder Löwen; den Tierautor *Tremolin*, alias *De Sugny*, alias *Loyola*, wird es erst sehr viel später geben. Zur Krönung dieses fantastischen Abends gab man mir ein Bett. Was für eine Wohltat! Die Sterne in diesen Gegenden waren immer mein Himmelbett gewesen. Es stimmt, dass es vor dieser Zeit war, als die Ardèche noch nicht Frankreich war. Das Zimmer war großartig: Cretonne und Porzellan. Das Fenster ging zum Hof, wo ein Dutzend Russen lagerten, die bei einem Zusammenstoß am *Doux* aus der deutschen Armee desertiert waren. Sie tranken, sangen und tanzten die ganze Nacht… Ich habe sie gehasst!

Ich weiß nicht mehr, ob die Episode des *netten kleinen Zuges* bei dieser Mission stattfand. Einige Meter oberhalb vom *Doux* eilte er spöttisch von *Lamastre* nach *Tournon* hinunter und schlurfte außer Puste auf dem Rückweg. Ich sollte ihn in einem Dorf ein paar hundert Meter vor der deutsch-ardèchischen Grenze verlassen. Die meisten der Fahrgäste in dem einzigen Waggon schienen sich zu kennen. Sie diskutierten über Krisen, Äpfel, Schafe … Plötzlich blieb er ohne seine drei witzigen kleinen Pfiffe stehen. Es kam – der Zugführer:

*Wenn jemand etwas zu verbergen hat, steigt er mit mir aus.*

Ein Mann stand auf. Ich aber zögerte. Der Eisenbahner schaute mich eindringlich an und fügte an mich gerichtet hinzu, als ich eine schüchterne Bewegung machte:

*Der da ist ein Genosse, der mit dem Fahrrad hierher*

*hochgefahren ist, um uns zu warnen… Sie bereiten sich vor, das betrifft uns!*

Ich holte das Paket mit den falschen administrativen Dokumenten unter der leeren Bank hervor, wo ich es hingeschoben hatte. Es verschwand mit der Umhängetasche des Anderen im Kohlenkasten. Mein Kompagnon zog eilig die Rußgeschwärzte Jacke über, die ihm der Eisenbahner reichte.

*Du bist mein Gehilfe, du kümmerst dich um den Rachen!*

Er zeigte ihm die Handgriffe, um das Feuer zu füttern.

*Du bist meine Tochter!*

Und er gab mir einen Namen – den ich leider vergessen habe. Meinen Ausweis! Ich gab ihn ihm, er verschwand in einer Vertiefung seiner Maschine. Wir waren in der kleinen Lokomotive ziemlich zusammengedrängt, aber wir durften nicht noch mal anhalten, wenn wir nicht die Aufmerksamkeit auf uns lenken wollten. In mürrischem und trotzdem komplizenhaftem Ton teilte er uns mit, dass wir unsere Siebensachen erst am folgenden Morgen wiederbekämen. Falls nötig würde er sich für uns um die Unterbringung kümmern. Und der brave kleine Zug fuhr seine Strecke heiter weiter. Da – beim Bahnübergang waren sie: ein Auto und ein Motorrad. Der Offizier blieb nahe dem Auto, während zwei Soldaten in den Wagen stiegen und zwei sich auf das Trittbrett stellten. Der schlecht gekleidete Kleinere stieg in die Lokomotive in Begleitung unseres Freundes, der ihm mit einem fröhlichen Sprung entgegen gekommen war, nicht ohne uns vorher mit einem freundschaftlichen Klaps zu ermutigen. In einem ardécho-bairischen Kauderwelsch erklärte er gestenreich, dass der Andere der Heizer sei und dass die Maschine Nahrung brauche sonst *„Kaputt – Kein Essen kaputt!“*

Er schrie: *Noch eine Schaufel, stopf ihm den Rachen voll!*

Er präzisierte nicht, wessen Rachen er meinte. Der Soldat tat wie einer, der durchsucht, trotz der Enge des Ortes, die nur eingeschränkte Bewegungen erlaubte, um der Schaufel des Heizers auszuweichen. *Das ist meine Tochter.* Und indem er auf den Weidenkorb zu meinen Füßen wies: *Zeig dem Soldaten, was du Mutter nachhause mitbringst.* Ich konnte den Einkaufskorb kaum hochheben, der Soldat half mir. Unsere Nasen berührten sich fast. *Nicht erlaubt, Chef sagen!* Ich lächelte ihn an und machte ein trauriges Gesicht über so viel Unverständnis. Er zögerte und warf erneut einen lüsternen Blick auf die Esswaren. *Verboten! Verboten!* Ich weiß nicht, aus welchen Eingeweiden das hochstieg, eine Art Jubel erfasste mich: *Verboten, aber sehr gut! Gut!* Er lachte, wobei er mich mit einer Geste zurechtwies: *Jolie Mademoiselle.*[31] Entzückt über sein galantes Französisch stieg er hinunter. Im Waggon war es nicht so schlecht gelaufen. Sie rissen sich die ganzen Vorräte unter den Nagel und kehrten zum Chef zurück, der irritiert schien. Er machte einen Schritt nach vorn, blieb dann aber mit enttäuschtem Gesicht stehen, als er den Schneid des tapferen kleinen Zuges sah, der schon schnaubte und ihn mit einem munteren Tut-Tut grüßte…

In Tournon wurde ich bei einer Grundschullehrerin untergebracht, die an den Kais wohnte. Von ihrem Garten aus wohnte ich einem für eine Bretonin ungewöhnlichen Schauspiel bei: vierhundert Schafe, die auf den Rhône-Ufern weideten. Die beiden Schäfer waren alt und stützten sich auf ihre Stöcke wie in meinen Kinderbüchern. Ich war verblüfft, welche Macht sie über ihre Hunde hatten. Sie waren auf dem Weg, den ich gut kannte, um auf das Hochplateau nahe *Chambon-sur-Lignon* zu gelangen.

Der Chef des kleinen Ardèche-Zuges mit seinem stillen Mut und seinem Witz im Unwetter charakterisiert für mich den Helden in der „Schienenschlacht". Ich sollte noch andere

31 AdÜ : Hübsches Fräulein!

treffen: das war dann das *P.L.M.*-Netz[32]. Ich erwartete schon seit zwei Stunden einen hypothetischen Zug auf dem Bahnsteig in *Valence*. Da kam er endlich! Nein, das war ein Spezialzug mit seiner von Soldaten bewachten Lokomotive, MP im Anschlag. Ein Angestellter ergriff meinen Arm und trug mich fast, trotz meiner Widerstandsbemühungen.

*Das ist ein Zug von Deutschen! Es gibt einen Waggon Kollaborateure.*

Ich spürte meine Augen hervortreten. Ich wusste nicht, ob ich schreien sollte.

*Er wird nach Lyon entgleisen… Steig ein!*

Ich versuchte noch, mich zu sträuben, ohne durch Stimmfetzen ihre Aufmerksamkeit zu wecken.

*Steig ein, in den nächsten zwei Tagen wird es keinen weiteren Zug geben. Ich hoffe noch länger.*

Er hatte mich auf das Trittbrett gehoben.

*Keine Angst – sie sind informiert. Du bist in Lyon auf einem Kurs!*

Er machte mir ein unmerkliches Zeichen der Ermutigung. Eher tot als lebendig suchte ich nach einem leeren Abteil. Kaum hatte ich mich eingerichtet, trat schon ein typisches Individuum ein, Ledermantel, Schlapphut. Ein paar Minuten wie Stunden. Er zog ein metallenes Zigarettenetui hervor, aus Silber mit eingraviertem Monogramm, das vermutlich nicht seins war.

*Der Rauch stört Sie nicht? Rauchen Sie?*

*Nein.*

---

32 AdÜ: Die Eisenbahngesellschaft Paris-Lyon-Mittelmeer

*Schönes Wetter*

*Zu warm.*

*Fahren Sie nach Paris?*

*Nein, nach Lyon.*

Nach diesen wenigen gemurmelten Silben wurde meine Stimme weniger zittrig. Ich fügte hinzu:

*Ich fahre zu meiner Tante.*

Kaum hatte ich das gesagt, machte ich mir Vorwürfe, von meiner Tante gesprochen zu haben. Er informierte mich:

*Ich jedenfalls arbeite in Paris am Sitz der…*

Es folgte das Kürzel eines Organismus, den ich nicht kannte, vermutlich von der Polizei. Ich ließ meine Unkenntnis nicht deutlich werden. Er sprach mit Entzücken vom schönen Pariser Leben. Wenn man ihn sah und hörte, war es mehr als schwierig, sich ihn in einem Salon des vornehmen 16. Pariser Arrondissement vorzustellen. Es ist wahr, dass viele dem Ansehen des Siegers gegenüber nicht gleichgültig waren. Spöttisch:

*Und wenn ich Sie mitnähme?*

Ich bemühte mich zu lächeln.

*Fahren Sie oft nach Lyon?*

Befohlene Neugier?

*Ich studiere. Ich wohne bei meiner Tante.*

*War das Ihr Verlobter auf dem Bahnsteig?*

Zögernd:

*Mein Bruder.*

*Was studieren Sie?*

Ein Zweifel: der Andere hatte von Kurs gesprochen…

*Krankenschwester, ich mache einen Kurs. Es gibt keinen Unterricht mehr…*

Er zog ein schiefes Gesicht und richtete nicht mehr das Wort an mich. Ich wagte nicht, den Platz zu wechseln. Er hatte eine Zeitung genommen, schien aber nicht zu lesen. Wenn ich ihn heimlich beobachtete, versuchte ich, seine Absichten zu erraten. Ich wurde vor Angst flüssig. Kurz vor Lyon kam ein zweiter herein und grüßte mich mit dem Kopf. Es war offensichtlich, dass sie sich kannten. Sie waren nahe der Tür und ich nahe dem Fenster. Ich konnte ihnen nicht entwischen! Ich bereitete mich vor, ein merkwürdiges Gefühl von Aufgabe, nichts zu tun, nichts zu versuchen. Und diese Vorahnung, sie machte die Schicksalsfügungen lächerlich: *Roland ist tot!* Der Zug fuhr in den Bahnhof, ich vergewisserte mich, dass wir auf dem richtigen waren, *Brotteaux*. Ich stand zitternd auf. Der erste Soldat öffnete mir und begleitete mich. Er fasste mich bei der Hand. Ich erwartete Handschellen. Meine Hand war eisig, seine brennend heiße. In der feuchten Wärme fröstelnd ging ich mit den Schritten eines Automaten Richtung Ausgang und hielt dabei Ausschau nach anderen Ausgängen…

Einige Wochen später erfuhr ich, dass der Eisenbahner, der mich in den Zug gehoben hatte, der Bruder der Aktivistin war, bei der ich in *Portes-lès-Valence* geschlafen hatte. Er war wohl so etwas wie der Stellvertreter des Bahnhofsvorstehers. Ich erfuhr vom Entgleisen des Zuges kurz hinter *Villefranche*. Das war die *Schienenschlacht*.

## Die Traboules

Lyon… Die *Traboules*[33], die heute farbig, strahlend, fröhlich und *angesagt* sind, waren damals trist und hinterhältig. Sie trugen Trauer. Ich wohnte bei einer alten Dame, die im Morgenrock und ausgetretenen Pantoffeln lebte. Man gelangte in ihre Wohnung über eine Abfolge von mysteriösen äußeren Treppenhäusern, die nichts von der Harmonie der hellen, weiten Räume ahnen ließen. Ich verfügte über ein großes Zimmer, dessen zwei Fenster zur *Saône* hin gingen. Es handelte sich um eine Art Salon, der voll stand mit unnützen Tischchen und mit Sesseln, die mit verblichener Cretonne umwickelt waren und nicht benutzt werden durften. Im Alkoven befanden sich das Bett und der Toilettentisch mit seiner Schüssel, die mit Blumenmotiven emailliert war, sowie dem Krug, der nicht dazu passte. Ich musste das kalte Wasser aus der Küche holen. Die Toilette, die zweimal täglich maximal benutzt werden durfte, war leichter zugänglich. Sie befand sich beim Eingang – von der Küche abgelegen, in der sich die Besitzerin mit abgenutztem Gehör gewöhnlich aufhielt. Sogar im stillen Örtchen neben den frommen Bildern musste man das Foto von *Pétain*[34] bewundern. Gewiss, es war nicht das großartige Portrait, das die Wände meines Salons zierte, noch das bescheidenere von der Diele, das die ganze Person des Marschalls zeigte, der sich zu einem blonden Kopf beugt, welcher ihm einen Strauß reicht. Trotz dieser Orgie von Ikonen mochte die Besitzerin die Deutschen nicht. Als ich mich ihr als Studentin vorstellte, musterte sie mich, vergewisserte sich, dass ich meine Miete im Voraus bezahlte und keinen Verlobten hatte. Sie hatte bemerkt, dass eine frühere Mieterin Umgang mit Deutschen hatte. Sie entließ sie auf der Stelle:

---

33 AdÜ: Bezeichnung von Haus-Passagen in Lyon, die zwei Straßen direkt miteinander verbinden.

34 AdÜ: Marschall Pétain, Kriegsheld aus dem 1. Weltkrieg, Faschist und Judenhasser, war der Chef der französi-schen Regierung, die mit den Nazis kollaborierte und nach deren Sitz das Vichy-Regime genannt wurde.

*Das gibt es bei mir nicht! Nicht bei einer Französin! Mein Gatte war mit dem Marschall in Verdun! ...*

Ich musste mir viel Verwandtschaft ausdenken, um meine häufige Abwesenheit zu entschuldigen, die meine Vermieterin genau vermerkte. Diese etwa sechzig Jahre alte Frau vertrat einige Monate vor der Landung der alliierten Befreiungskräfte an unseren Stränden immer noch die von zahlreichen Franzosen – zumindest in den beiden ersten Jahren – verteidigten Thesen. Wetten wir, dass ihr Gatte, wenn er noch am Leben gewesen wäre, die *Francisque*[35] hochgehalten hätte, dieses Zeichen des Zusammenhalts der Anhänger von Pétain und seiner Regierung unter Kontrolle durch den deutschen Besatzer. Sie waren glücklich und stolz über *ihr* Frankreich, jenes das endlich von seinen Juden befreit war, von seinen Freimaurern und all diesen *Metöken*, die in ihren Augen für unser ganzes Unglück verantwortlich waren. Diese Befreiung verlangte Opfer, darunter fiel – zu dulden, dass das Vaterland durch eine ausländische Armee unter Vormundschaft gestellt wurde, für die sich die Überzeugtesten einsetzen konnten, indem sie in die französische Legion eintraten, die an der russischen Front kämpfte, oder zur französischen Miliz im Dienst der Gestapo gehörten oder ein *Rabe* wurden, diese anonymen Briefschreiber, eifrige aber feige Denunzianten. Alle beanspruchten, Patrioten zu sein, verstehe das, wer mag!

Aus ihren Reihen rekrutierten sich dann, als unsere Partie gewonnen war, diejenigen, die jede Befreiungsbewegung kennt: die Widerstandskämpfer der letzten Stunde.

Ich schlief oft auswärts wie in dieser denkwürdigen Nacht, in der wir (mit einem Genossen) einen Gefangenen machten. Am schwierigsten war es, vor der Schließung an den

35 AdÜ : Die Streitaxt des Franken Clovis, das Symbol des Ordens der gallischen Francisque.

Ort zu gelangen. Die Topographie der Büros und der beiden Lager bis oben hin voll mit Bergstiefeln war uns bekannt. Wir waren im Sitz der Sektion der faschistischen Organisation *Jugend für ein neues Europa* (*JEN*), mit Sitz in einem Hinterhof nahe dem Bahnhof *Perrache* in einer kleinen Straße, die auf einem Kai endete. Unsere Rolle: die Schatzkammer von Ali Baba fünf Minuten nach einem Anruf zu öffnen, der grünes Licht bedeutete. Wir nahmen mit einer Karbid-Lampe in der Hand eine Inspektion vor. Die Schlüssel waren wirklich in der angesagten Schublade. Im ersten Lager verhinderten Stapel von nicht verzeichneten Decken den Zugang zu den Stiefeln. Gegen Mitternacht, erschöpft von einer Stunde Lagerarbeit und nach einem reichhaltigen Imbiss, der uns vom Haus ausgegeben wurde, legten wir uns in dem langen Flur in Reichweite des Wandtelefons hin. Mein Gefährte, den ich zum ersten Mal traf, hatte einen exotischen Akzent, aber *Milou* als Pseudonym. Die Angst stellte sich ein, sobald wir unter unseren Decken lagen. In der Dunkelheit konnte ich den Schweiß erahnen, der von Milous Stirn tropfte. Beim geringsten Laut schreckten wir hoch. Diesmal war ich sicher, Schritte gehört zu haben, gefolgt von zwei oder drei trockenen Geräuschen im Nachbarraum, die ich als heruntergefallene Gegenstände identifizierte. Milou war beruhigend: eine Katze… Wir wollten uns nicht die Zeit damit vertreiben, die Katze mit dem richtigen Schlagstock bewaffnet, den Milou trug, zu verfolgen. Obwohl wir allein waren, flüsterten wir, um nicht die latente Panik hervor zu kitzeln. Endlich das erwartete Klingeln. Aktion! Das Register der Angst änderte sich, sie wurde offen und leicht zu beherrschen, anders als dieses kleine Tröpfeln von Schiss auf unseren erstarrten Körpern… Wenn das eine versiegt, quillt das andere heraus.

Im Untergeschoss vor dem Eingang zu den Lagern befanden sich zwei Jutesäcke, mit drei Decken und zwei Paar Schuhen darin, die wenige Stunden zuvor noch nicht dort waren. Eine Tür widerstand. Milou war kräftiger. Sie gab nach.

Von hinten leuchtete ich in den kleinen Raum. Er kauerte am Boden. Es war ein älterer Mann als wir, aber noch in den Dreißigern. Milou holte seinen Schlagstock raus. Der Typ hielt uns für Leute des Hauses. Er hatte große Angst. Milou erklärte voller Pathos: *Wir sind von der Résistance!* Ich meinte ein Seufzen der Erleichterung zu hören. Er war Mitglied der *JEN* gewesen, ohne jemals von ihren Reden überzeugt zu sein... Und dann, *nach Russland gehen, um da für sie zu verrecken, sehr wenig meine Sache!* Seine Verlobte war immer noch Sekretärin dort. Also hatte er die Schlüssel zum Untergeschoss. Die Ballen? *Die merken nichts… Sie machen nichts damit… Das ist ihnen sch… egal… Das macht möglich zu essen, nicht wahr?* Wir sperrten ihn ein.

Alles ging ohne größere Scherereien vonstatten. Einer der beiden Lieferwagen machte einige Schwierigkeiten beim Manövrieren, weil der Holzvergaser keinen schnellen Neustart zuließ. Das Laden verlief im Handumdrehen und in aller Stille. Was unseren Gefangenen betraf, der folgsam in einen der Lieferwagen gestiegen war, können wir wetten, dass er ein Held der Résistance geworden ist. Wir wiederholten unserem Verantwortlichen gegenüber, was er uns über den Vorrat an Decken und Zelten in einer engen Straße im Viertel von *Brotteaux* gesagt hatte, der zwar einen schwierigen Zugang hatte, aber von einem einzigen Individuum bewacht wurde. Mit zwei weiteren Genossen, von denen der eine sehr geschickt mit dem Schlagstock war, kutschierten wir ein paar Tage später auf mehreren Handwagen vier große Reisekoffer, deren strahlende, knallblaue Farbe wie die *Gitane*-Zigarettenschachtel zu unserer Überraschung und Beunruhigung von der untergehenden Sonne offenbart wurde. Nach diesem schwankenden Transport sah ich Milou nur einmal wieder, am Tag der ersten bedeutenden Bombardierung auf Lyon. Wir waren am Rhône-Ufer. Es hatte Mittag geschlagen. Die Amerikaner müssen den Auftrag einem Linkshänder übergeben haben: der Sitz der Gestapo lag auf dem anderen Ufer. Die Fontänen, die der Stahlregen erzeugte, der in den Fluss fiel, spritzten bis zu uns. Es gab viele Verwundete und Tote. Wir fanden den Genossen von den *Freischützen und Partisanen* (*F.T.P.*) nicht, den wir treffen sollten, um einen weiteren Ausflug zu machen, diesmal in eine gutbewachte Werkstatt mit Ersatzteilen. Die Ereignisse stürzten unsere Vorhaben um, und ich entfernte mich etwa am 10. Juli aus Lyon.

Es dürfte im April oder Mai gewesen sein, als ich von P. bestellt wurde, um einen großen, eleganten Mann zu treffen, der weder aus einer Bergarbeitersiedlung, noch von einem armen Hof aus dem *Cantal* kam; man nannte ihn Xavier. Er unterrichtete mich, dass ich eine der Verantwortlichen der Süd-Zone für die *Kämpfende laizistische Jugend* (*JLC*) werden solle. Die Mitglieder der *JLC*, die im Wesentlichen in den Jugendbewegungen rekrutiert wurden, den Jugendherbergen, den Pfadfindern oder den von Vichy tolerierten *Naturfreunden*, waren keine Heerscharen. Seitdem hatte ich an den Versammlungen der *Vereinigten Kräfte der patriotischen Jugend* (*FUJP*) in der Region von Lyon teilgenommen, die alle Jugendbewegungen der Résistance zusammenfasste, zu denen auch die drei wesentlichen Organisationen der *Vereinigten Bewegungen der Résistance* (*MUR*) gehörten.

So wurde ich ein U-Boot, sagen wir im Taschenformat, der kommunistischen Partei, die mir meine Rolle in den Vollversammlungen erklärte: ja und amen zu allem sagen, was der Vertreter der *J.C.* oder der von der *Nationalen Front* sagte. Übrigens würde ich vor jedem Kolloquium instruiert werden, wie man heute sagt. Darüber hinaus sollte ich meine Verbindungsarbeit mit dem Untergrund und meine patriotischen Diebereien weitermachen. Bei meiner ersten Versammlung wurde diskutiert, ob es opportun sei, die Bewegung um die zahlreichen Organisationen zu erweitern, die wie Primeln im Frühjahr sprossen. Das war ein Vorschlag der *Nationalen Front*, dem ich also zustimmte. Bei der folgenden Sitzung schlossen sich uns die *Jungen patriotischen Bauern* (JPP) an. Genau wie ich war der Verantwortliche ein U-Boot. Für die weniger ruhmreichen Aufgaben als diese Versammlungen der *Führungskräfte* musste der junge Bauer mit in unserer Gruppe arbeiten. Wenn man seine Hände betrachtete, konnte man wetten, dass er das Blatt einer Eiche nicht von einer Weizenähre unterscheiden konnte. Nach seinem Akzent zu urteilen, kam er eher aus den *Corbières* im Süden als aus den feuchten Anbaugebieten in der Umgebung.

Die Versammlungen wurden häufiger. Die Zeit drängte, um den letzten 14. Juli-Feiertag unter der Besatzung vorzubereiten. Wir sollten in ein Gebäude kommen, das auf die *Place Puvis-de-Chavanne* ging, wenn ich mich richtig erinnere. Nur vier von uns kannten den Treffpunkt. Ich sollte den *JPP* dorthin mitnehmen. Als wir auf dem Platz ankamen, der von einem weißen Licht überflutet wurde, das in den Augen brannte, bemerkten wir auf den Bänken im Schatten der Linden oder Platanen Zeitungsleser, deren Alter ebenso wenig wie ihre Kleidung an die Stammgäste der Parkanlagen zu dieser Tageszeit erinnerte. Da ich meinen Genossen untergehakt hatte, zeigte ich ihm zwei Männer, die nicht aufhörten, das Gebäude anzuschauen, in dem wir uns treffen sollten. Wir schlugen freundlich den Rückweg ein und versuchten durch einen Spaziergang in der Umgebung, die beiden anderen Gruppen ausfindig zu machen, die nach uns ankommen sollten. Das Haus war umstellt. Wie wir mit derselben Absicht stürzten sich zwei unserer Genossen auch nicht in die Höhle des Löwen. Alle anderen wurden verhaftet, einer von ihnen ist unter der Folter im *Fort Mont-Luc* gestorben. Einer der Neuankömmlinge wurde schnell freigelassen dank des Einsatzes seiner Eltern, hat man mir gesagt. Ich wurde auf ein Anwesen auf dem Land in der Nähe von *Orange* geschickt. Ich beteiligte mich dort an der Aprikosenernte. Nach den leichten Brezeln aus Kleie und dem Staub von Lyon war es das Schlaraffenland.

Diese Pause dauerte nur wenige Tage, bis ein Junge kam, um mir eine Fahrkarte für den Zug nach Marseille zu überbringen, begleitet von einigen Instruktionen.

Jeder Kader musste einen *Kurier* haben, man (ich glaube die *JC*) *lieferte* mir einen jungen Mann, der vermutlich aus gesundheitlichen Gründen seine Widerstandsgruppe verlassen hatte: er hatte sehr heftige Asthma-Attacken. Nach zwei oder drei Wochen verschwand er. Das war der Moment, wo *Chévité* (so wie in den Cevennen das *S* als *Sch* muss man ihren Namen aussprechen) mir zugeteilt wurde. Sie war Postlerin in einem Dorf in der Ardèche, das nach einem kurzen Zwischenspiel von den Deutschen erneut besetzt worden war. Beauftragt mit der Zensur – eine Rolle, die gelinde gesprochen wenig brillant, aber gefährlich ist, wenn die Zensierten die Macht zurückerobern – war sie gezwungen, ihre Berglandschaft zu verlassen. Trotz ihrer Aufgaben sagten ihr Worte wie *Stalingrad, Churchill, Roosevelt, Laval* nichts Besonderes. *De Gaulle* kannte sie allerdings. Als ich sie in Bezug auf *Henriot*, den Herold der Kollaboration mit den Nazis, der gerade in Lyon exekutiert worden war, nach ihrer Meinung zu terroristischen Attentaten fragte, zeigte sie sich tief betrübt, weil sie ihn für ein Mitglied der Résistance gehalten hatte. Ich entschied, sie bei einer Genossin in *Valence* zu lassen, deren Eltern, Fabrikanten von Regenschirmen, ein großes Haus hatten. Ich gab ihr ein paar Aufgaben vor Ort und behielt mir vor, sie später zu indoktrinieren.

# Marseille

Ich sollte mich in ein Hotel auf dem *Boulevard Salvador* nahe der Präfektur begeben, um dort die Nacht zu verbringen. Die Nacht brach herein, der Bahnhofsplatz war von geschäftigen Milizionären, französischen Hilfskräften der Gestapo, überlaufen. Es war unmöglich herauszufinden, was los war. Überhaupt kein Anhaltspunkt. Man hatte mir von einer Treppe gesprochen, aber nicht von einem Monument. Ein feiner Regen, wie ich ihn von zuhause kannte, machte der Stadt schlechte Laune. Ein unangenehmer Eindruck, der nicht voraussagte, welche bis heute lebendige Liebe ich vom nächsten Morgen an für Marseille empfinden würde.

Das Treffen war in einem Haushaltswarengeschäft am Platz *Notre-Dame-du-Mont*. Ich sollte mich an den Mann in grauem Kittel wenden. Er gab mir Instruktionen, wie ich den Verantwortlichen treffen sollte. Sein Akzent komplizierte die Sache. Ich musste ihn auffordern zu wiederholen, was ihn zu irritieren schien. Mein Versteck im obersten Stockwerk einer Familienpension befand sich gegenüber vom Militärkrankenhaus. Das Dachfenster öffnete sich zu einem kleinen Garten, der in eine Seifenfabrik verwandelt worden war. Das stank.

In der ersten Nacht entdeckte ich die Wanzen. In dieser Beziehung naiv dachte ich nach zwei Tagen an eine schwere Hautinfektion. Ich suchte im *Krankenhaus der Empfängnis* den Arzt unserer Organisation auf. Er war Geburtshelfer. Er untersuchte schulmeisterlich meine Blasen mit der Lupe und war perplex. Eine Hebamme kam vorbei, warf einen Blick darauf und sagte: *Wanzen*. Ich spürte eine törichte Demütigung. Die Matratze gab dem Feuer unter dem Waschkessel Nahrung und verstärkte den widerlichen Gestank im Hof. Der Ess-Saal wurde nicht verschont. Dort nahmen einige Alleinstehende ihre Mahlzeit ein. Ich wurde als Verwandte der Wirtsleute vorgestellt. Ich aß zusammen mit der Tochter des Hauses, die nicht schüchtern war. Diese Männer scherzten gern mit ihr… Ich wollte schnell aus diesem Loch. Ich hatte keine Zeit dazu. *Paupert*, mein Vorgänger, hatte einige Aufträge übrig gelassen, die vor dem *Tag J*, der unmittelbar bevorstehenden Landung, zu erledigen waren.

So begab ich mich nach *Salon*. Welch eine entscheidende Wende! Ich nahm den Lieferwagen eines Genossen, der einmal die Woche Gemüse ausfuhr. Er war ein Witzbold, leider begriff ich nicht immer die Wörter seiner Übertreibungen. Sein Akzent reichte schon, um mich zum Lachen zu bringen. Wir nahmen die mit, die noch nicht die *Anhalter* waren. An diesem Morgen waren sie zahlreich. Es gab schon einige Straßensperren, aber unsere Papiere waren in Ordnung. Am Stadteingang von *Salon* fing der Holzvergaser Feuer. Mein Freund fand ein Fahrrad für mich und empfahl mir eine Route für den nächsten Tag, die mir *schlechte Begegnungen* ersparen würde. Ich glaubte, vor Durst zu sterben. Indem ich wortwörtlich in Staub biss, stellte ich mir vor, auf meinen bretonischen Straßen zu radeln. Ich hielt unter einem kümmerlichen, freistehenden Olivenbaum an und schlief ein.

Ich erwachte in der Morgenfrische – entschlossen, um jeden Preis ein Dorf, einen Brunnen und eine Kneipe zu finden. Wunder! Sie war da ganz in der Nähe. Ich gewann dort Freunde. Die Wirtin als erste. Ich kannte noch nicht den Ausdruck, sonst hätte ich ihn mit dem provenzalischen Akzent verwendet: *cagole*, eine junge, extrovertierte, gedankenlose und vulgäre Frau. Sie scherzte mit zwei Jungen, der eine dürfte ihr Sohn von fünfzehn oder sechzehn Jahren gewesen sein. Sie merkten, dass ich nicht aus der Gegend stammte, ich sagte, ich sei aus Lyon wie *Monsieur Brun*. In der Kneipe schien man *Pagnol* nicht zu kennen.[36] Sie waren fröhlich, überzeugt davon, dass die Alliierten jeden Moment kommen könnten, weil *ihre*

36 AdÜ : Monsieur Brun ist eine Person des provenzalischen Autors Marcel Pagnol aus Marius.

Deutschen schon verschwunden waren. Sie beschrieben mir eine Route, die mich in die Nähe von Marseille bringen würde, und die beiden Burschen, die ihre Räder geholt hatten, begleiteten mich ein gutes Stück des Weges und wechselten sich dabei ab, mich mit guter, ansteckender Laune zu schieben. Sie verließen mich, als die Stadt und das Meer am Fuß eines Hangs auftauchten.

## Chevité

Einige Tage nach meiner Ankunft in Marseille kam *Chévité* voller Schwung an, zufrieden über ihren Aufenthalt in *Valence* und froh, dass ich sie wiedernahm.

Wir näherten uns Mitte August. Ich beschloss, mich nicht mehr von Marseille zu entfernen.

Es gab eine Botschaft für *Toulon*, ich entschied, Chevité dorthin zu schicken. Da die Landung bevorstand, erklärte ich ihr, dass sie, falls während ihres kurzen Aufenthaltes alle Aktivitäten aufhören würden, die Stadt nicht verlassen dürfe und sich den Leuten zur Verfügung stellen solle, zu denen ich sie schickte. Bis dahin sollte sie den ersten Zug nehmen und das kleine Paket, das ich ihr gab, bei der Wäscherei abgeben, die ich ihr beschrieb. Für ihre Rückkehr verabredete ich mit ihr ein tägliches Treffen an mehreren Orten des Abholens.

Dann kamen die Landung, der Generalstreik, die Kämpfe, die Befreiung und keine Chevité. Ich fühlte mich schuldig und ließ sie in Toulon suchen, da meldete sie sich an dem Sitz der *FUJP* auf der *Canebière*. Sie suchte mich mit ihrer verlorenen Miene. Ich brach in Freude aus, darüber war sie ver-blüfft. Sie kam aus *Avignon*. Sie hatte den einzigen Zug genommen, der an jenem Augusttag den Bahnhof von Marseille verlassen hatte und auf das Losungswort für den *aufständischen Streik* wartete. Er fuhr nicht nach Toulon, aber hatte ich nicht gesagt *den ersten Zug*? Was fantastisch war: In Avignon fand sie die Straße und die Touloner Wäscherei. Die Plätterin dürfte überrascht gewesen sein, als sie das Paket von Chevité öffnete. Als Familienmutter stellte sie ein Gedeck mehr hin.

Es war in den fünfziger Jahren, das Leben hatte mich zurück nach Marseille geführt. Eines Abends wollten wir uns gerade zu Tisch setzen, als man mir einen Besuch ankündigte. In der Halle: Chevité. Ganz in Grau gekleidet. Eine kleine Maus, die aus ihrem Loch kam. Ich inspizierte sie, wie man es bei einem klinischen Fall macht. Eine Wiedergängerin, auf deren Oberlippe ein kleiner schwarzer Flaum seinen Schatten warf. Sie lachte wie früher. Wir waren glücklich. Ich fragte mich, wie es ihr gelungen war, mich zu finden. Sie hatte sich an den Sitz der KP gewendet. Ich beglückwünschte sie, aber wusste sie, dass ich Marseille wenig später verlassen hatte, nachdem ich sie zurück in ihre Familie geschickt hatte? Sie wusste alles über meine Reiserei. Ich ermaß damals die Falle der Faszination, ohne meine Rolle zu begreifen. Wie hatte ich für diese gleichaltrige Frau, für die ich nie besondere Achtung bezeugte, die große Schwester werden können, die sie geltend machte? Am nächsten Tag schiffte Chevité sich nach Afrika ein. Sie war mit einigen anderen Novizen, die ich unten an der Gangway begrüßte, auf dem Weg zu der Leprastation, die ihrem religiösen Orden anvertraut worden war.

## Befreiung

Die Truppen von *General Montsabert* waren früh dran auf der *Canebière*. Der Generalstreik war ausgerufen worden. Ich hätte das Versammlungslager der asiatischen Staatsangehörigen aufsuchen müssen. Mit welchem Ziel? Der Genosse, der mir das hätte erklären sollen, kam nicht zum Treffen. So erschien ich dann auf der *Place Castellane*, wo man kämpfte. Sie gaben mir eine Armbinde der *Patriotischen Milizen* (*MP*), die sich mit einem roten Kreuz schmückte, obwohl ich – wegen Unwissenheit in allen Dingen, die die Medizin betrafen – heftig dagegen protestierte. Von einem Typen, der anscheinend die Taschen voll damit hatte, erhielt ich auch eine Pistole. *Nur um zurückzuschlagen.* Mit drei Handgriffen zeigte er mir ohne hinzuschauen, wie man lädt: *Achtung, Du hast nur zwei Kugeln.* Er trug einen Helm, den er mir über den Kopf stülpte, während er sich auf sein Rad schwang.

Ich blieb dort mit hängenden Armen zurück, als eine etwa vierzigjährige Frau in Krankenschwesterntracht auf mich zu stürzte und mich zum *Boulevard Baille* zu einer Apotheke mitzog, die in eine Rettungsstation umgewandelt worden war. Mich mit zweifelndem Blick musternd fragte sie, ob ich wirklich die Genossin sei, die bereit wäre, Verwundete zu tragen, die Opfer von scheißdeutschen Schützen oder Verrätern seien, die von den Dächern verjagt werden müssten. Auf gut Glück stimmte ich zu. Mit einigen vagen Ratschlägen zeigte sie mir auf dem gegenüberliegenden Bürgersteig denjenigen, den ich begleiten sollte. Er musterte mich süßsauer, zeigte auf seine Armbinde und fragte mich mit dem Marseiller Akzent: *Wirst ein schleppn könn*? Wir hatten nicht viel zu tun, wenn man von der Werkstatt absieht, in der sich mehrere Schützen verschanzt hatten. Die Scharmützel, die von den plötzlich auf ihren Motorrädern auftauchenden SS provoziert wurden, waren blutig.

Zum Glück kam nach der in der Apotheke verbrachten Nacht eine junge Frau mit einer Armbinde der *FTP*, die im

Verbinden erfahrener war als ich und meinen Platz übernahm.

Die Heftigkeit der Kämpfe lag an der Position des Platzes am östlichen Eingang Marseilles wenige Meter von der Präfektur, die schnell von der Résistance eingenommen wurde. Es dürfte der 21. oder vielleicht der 23. gewesen sein. Alle kleinen Dörfer, die Marseille Richtung Süden drängen, damit es sich im Meer bewundern kann, waren befreit. Die alliierten Heere trampelten schon durch die Stadtteile in der Nähe der *Canebière*, als das Schießen in *Castellane* weiterging, *bei uns*. Es war wichtig, den Gegner abzulenken. Bald kamen die Seilschaften der marokkanischen Bataillone, die geschützt von einem dichten Kugelregen den Hügel von *Notre-Dame-de-la-Garde* hinaufkletterten, um die Kanonen der Kathedrale zu neutralisieren, die den Hafen beschossen. Heftige, ansteckende Begeisterung dort auf der Barrikade zu sein und zu versuchen, um den Preis des eigenen Lebens das Leben dieser Helden zu schützen, die vom Atlas aus der Sahara gekommen sind, um uns aus der Unterdrückung zu befreien.

*Fremde*, die ich war, konnte ich den Stolz nicht in Frage stellen, den die Schwebefähre bei den Marseillern inspirierte, die bis zu diesem Tag die Breite des Alten Hafens überspannte. Auf einer Terrasse, wo sich ein Posten der *Patriotischen Milizen* (*MP*) befand, übertönte das verhängnisvolle *Schweinebande* meines Genossen den Lärm der Bomben, die die Hafenanlagen zerschmettern wollten. Bevor die Brücke in einem knisternden Krachen auseinanderfiel, faltete sich die Fahrbahnplatte, wie sich ein Buch schließt, wobei die Hälfte stehen blieb. Das geschah am 22. August. Meine Gefährten reichten sich nacheinander das einzige Fernglas und suchten mehrere Minuten lang mit den Augen die Ecke des Himmels ab, wo sie hofften, dass das Eiffel-Gerüst ihrer Kindheit wieder auftauchte. Sie sahen nicht, dass es noch dort stand, aber einbeinig. Ohne ihre Verzweiflung zu teilen, die von trauriger Wut geprägt war, spürte ich ein Unwohlsein, von dem ich mir wünschte, es möge solidarisch sein. Es war die Brücke meines Dorfes, die ich mit ihren von der Flut sanft berührten Ständern vor mir sah.

Der Eindruck von Chaos, aber effektive Unordnung. Mit einem brummenden Hin und Her traten die Verbindungswagen an die Stelle der Fahrräder. Meist handelte es sich um die legendären schwarzen Citroën mit Holzvergaser. Es gab auch kleine Lieferwagen wie den, in den ich gehoben wurde, als ein Verantwortlicher der *J.C.* mich erkannte. Mit einer riesigen flatternden Fahne fuhren wir zur Unterstützung Richtung *Catalans*, dem Strandviertel. Man schoss noch in der *Corderie*, dem Boulevard an der Kreuzung vor der herrlichen Abteikirche *Saint-Victor*, bevor er zum Meer kommt. Unsere Fahne konnte stolz auf das Loch einer verirrten Kugel sein.

## Mein Freund Bouvier

Bei dieser Jagd lernte ich meinen ersten richtigen Marseiller kennen. Er hieß *Bouvier.* Dieser Mann, der wie viele Witzbolde schüchtern war, ließ mich Marseille entdecken und lieben, das wirkliche Marseille der Marseiller, das der Häuschen. Einige Wochen nach der Befreiung lud er mich zum sonntäglichen Mittagessen ein. Er war ein alter Junge, keiner der heutigen Junggesellen! Seine Mutter, die man für seine Schwester oder seine Frau halten konnte, bewohnte mit ihm ein Häuschen, das auf eine übermäßig große Terrasse ging, die von einer herrlichen Weinrebe beschattet wurde. In riesigen Krügen standen Tomaten und Kürbisse neben einigen Blumen, die sich aus dem Überlebenskampf hatten retten können. Im Gärtchen bot ein Kaki seine goldenen Früchte am Ende langer grauer Finger an. Einige weitere Buden mit grünem Schmuck besetzten die kleine Anhöhe, die von den Bulldozern auf dem Altar des Wiederaufbaus geopfert wurden, um dort die grauen Wohnblöcke des Boulevards aneinander zu reihen, der zum Palast am *Pharo* führt. Dieser Palast, der 1858 für die Kaiserin Eugénie de Montijo gebaut wurde, beherbergte damals die medizinische Fakultät. In jenem Herbst konnte Bouvier von seinem Korbstuhl aus zur Zeit des Pastis noch den Palast sehen, und wenn er den Hals ein wenig locker ließ sogar die Einfahrt zum Alten Hafen. Die *Sofitel*-Hotelkette hatte noch nicht die Landschaft verpfuscht, um ihrer Kundschaft *Meerblicke* wie auf der Postkarte zu bieten.

Madame Bouvier hatte die Pesto-Suppe vorbereitet. Wer dieses Gericht nicht kennt, weiß nichts über den typischen Geschmack regionaler Gerichte! Das war so gut und herzlich. Wir tranken Rosé. Ich wagte nicht zu gestehen, dass ich den Wein zum ersten Mal trank. Das haute mich ernsthaft um. Zwischen zwei Schluckaufen probierte ich die Kakifrüchte. Seitdem wird mir beim Anblick dieser großartigen Kugeln auf einem Teller übel.

Einige Wochen später offerierten meine Freunde mir eine Bouillabaisse, eine wirkliche, die wir uns mit ihren Fischerfreunden in ihrem Häuschen *zum Falschgeld* schmecken ließen. Obwohl wir schon November hatten, war es noch warm, wir konnten es uns bequem machen und *sei's drum*, wie Bouvier anmerkte, *wenn das denen von der Hautevolee nicht gefällt*, die uns von den Balkonen ihrer prächtigen Villa oben auf der Steilküste sehen konnten. Das Meer leckte die Steine am Strand mit kleinen Schlucken, wie wir es mit dem Roten aus *Bandol* taten, der noch kein Prädikatswein war.

Als ich nach zwei Jahren Abwesenheit nach Marseille zog, war das Haus beim Pharo abgerissen. Ich vergaß meine Freunde. 1959 kam ich ins Marseiller Gefängnis. Dort erhielt ich ein Päckchen mit Oliven, hausgemachter Olivenpaste, Rübchen mit feinem Anisgeschmack und anderen Leckereien, begleitet von arglosen und aufrichtigen Worten, mit Bouviers Unterschrift. Die Mutter war gestorben. Er hatte Marseille verlassen.

## Die Viererbande der Vereinigten Kräfte der patriotischen Jugend (FUJP)

Am 28. August 1944 war Marseille befreit. Vom nächsten Tag an zogen die *FUJP* in den Blusen-Laden oben auf der *Canebière* eines Kollaborateurs ein, der geflohen war. Das Regionalbüro war vier der Gründungsorganisationen der Bewegung anvertraut worden: der kommunistischen Jugend JC mit Elisée Gros, einem alten Jungen, ein wenig rund wie seine gerollten *R*, der später kommunistischer Abgeordneter im Departement *Hérault* wurde; die *Nationale Front* (*FN*) mit Salini, der so schön von Korsika erzählen und wie das Chamäleon jedes Mal seine Aufmachung verändern konnte (*FN* oder *JC*), wenn er durch eine Tür trat; die katholischen Studenten, vertreten durch einen langen, jungen Kino- und Bergbegeisterten Mann, und schließlich die *MUR*, die mich dort hingebracht hatten. Drei Kommunisten und ein Messdiener, wie mir unser Präsident Gros vertraulich zuflüsterte. Letzterer ließ mich durch die Vollversammlung der *FUJP demokratisch wählen*, die zahlreiche U-Boote der kommunistischen Jugend zählte. Ich wurde die Abgeordnete der Widerstandsjugend innerhalb der Reinigungskommission, die dem Befreiungskomitee des Departements *Bouches-du-Rhône*, präsidiert von dem Sozialisten Lionel, und dem Regionalkomitee, das dem Marseiller Kommunisten Cristofol anvertraut wurde, zugeordnet war.

Es war schwer zu glauben. Manche sprachen von Krieg zwischen Kommunisten. Man behauptete sogar, dass einer, der aus den Verliesen der Präfektur geflüchtet war, zu den Unsrigen gehörte, obwohl er von anderen Genossen verfolgt wurde, die ihn exekutieren wollten.

Wie konnte man solches Geschwätz akzeptieren, ohne sich zu verleugnen. Wenn es sich um Tratsch handelte, warum nicht öffentlich darüber sprechen. Während einem Spaziergang zum Entspannen befragte ich Laurent Salini, der später Journalist der *Humanité* wurde, über die finstere Falle, die unsere Verleumder vorbereiteten, blinde Antikommunisten, wenn sie solche Gerüchte verbreiteten. Er war schon blass, aber erbleichte: *Das sind unsere Feinde, die von wilder Säuberung reden.* Sein Gesicht entspannte sich, und er nannte mir den Namen des Entflohenen, wobei er mir leise präzisierte: *Genauso ist es, man hat ihm Lappalien vorgeworfen.* Wir standen einander gegenüber am Kai vom Alten Hafen, der mit Amphibienbooten der Amis verstopft war. Übergangslos begann er eine Geschichtslektion über sein Land, Korsika, und beendete damit unsere Diskussion.

Die Rolle der Reinigungskommission bestand darin, die Spreu vom Weizen zu trennen. Während der Kämpfe und noch davor hatten die *Französischen Kräfte des Inneren* (*FFI*) und die *Patriotischen Milizen* (*MP*) Gefangene gemacht, Kollaborateure unterschiedlichen Grades und manchmal nur als solche – ohne Beweise – Denunzierte. Wir mussten Dossiers anlegen, aus den improvisierten Knästen die herausholen, die dort nichts zu suchen hatten und deshalb nicht den Gerichten vorgeführt würden, die das Kommissariat der Republik unter Leitung von Aubrac angefangen hatte zu reaktivieren.

Unsere Sitzungen fanden in einem großen Ecksaal statt. Ich war die einzige Frau unter etwa zehn Männern, und ich war zwanzig. Unnötig zu sagen, dass ich nicht die Hauptrolle bekam. Der Präsident war Kommunist, seine weißen Haare umrahmten ein Gesicht, das dafür gemacht war, jung zu bleiben. Er war Armenier, wie ich später feststellen konnte, als ich eine der Stimmen der Föderation der kommunistischen Partei wurde. Ich werde den jungen Armeno-Marseillern empfehlen, ins Land ihrer Vorfahren zurückzukehren, ein sowjetischer Garten Eden!

Die Herablassung mir gegenüber, die ich bei den Mitgliedern der Kommission verspürte, trieb mich an, meine Dossiers mit der pedantischen Genauigkeit zu studieren, wie ich sie mir beim Mitglied des Verfassungsrates vorstellte. Wir waren eine Art Prä-Gericht mit seinem Untersuchungsrichter-Staatsanwalt und seinem Rechtsanwalt für jeden einzelnen Fall. Unter meinen Dossiers war das eines jungen Mannes in meinem Alter, Sohn eines Konfitüren-Herstellers aus der Region. Er hatte sich mit den Kunden seines Vaters befreundet, dessen Unternehmen seit 1942 nicht aufgehört hatte zu wachsen. Da er mehrfach in Autos in Begleitung von SS-Männern gesehen worden war, bejahte die *vox populi*, dass er an Repressionsexpeditionen und Schlimmerem teilgenommen hatte. Ich verlangte die Anhörung der Anschuldiger, die sich alle drückten. Niemand erinnerte sich im Oktober, dass er im August eine Anschuldigung geschrieben hatte. Die Fabrik des Vaters lief wieder gut, die Arbeiter arbeiteten wieder, die anonymen Briefschreiber auf den besten Posten.

Ich ließ den Vater kommen. Er stellte sich in neuem Anzug und Lederschuhen vor. Seine Rede war rund wie sein Bauch. Sein einziger Sohn, den er auf seine Nachfolge vorbereitete, wie er selbst das Geschäft auch nach dem Tod seines Schwiegervaters übernommen hatte, eines Mannes, der mit nichts angefangen hatte, aber als erster in seiner Region auf die Idee kam, die Früchte seines kleines Hofes zu verarbeiten. Nur durch Arbeit war seine Fabrik gewachsen, mehrere Familien lebten von ihr. Er, der Schwiegersohn, fühlte sich verantwortlich, für die Dauerhaftigkeit zu sorgen. Natürlich brauchte man Zucker, um Konfitüren zu machen, und seine hatten trotz der Restriktionen keine Qualitätseinbußen gehabt. Er gab zu, dass seine Produkte ohne die Hilfe einiger Deutscher weniger Geschmack bekommen hätten. Hektisch präsentierte er uns ein Papier, auf dem Restaurantbesitzer, ohne sich nass zu machen, von seiner Hilfsbereitschaft sprachen, und dann die Liste seiner Arbeiter, deren Familien den ganzen Krieg über nie Mangel an Zucker oder Melasse gelitten hätten, diesen kostbaren Tauschmitteln.

Seinen Sohn hatte er zu sehr verzogen, das gab er zu! Er hatte nicht genügend auf ihn aufgepasst. Ein Kind noch! Und seine arme Frau, die ohne Unterlass weinte, sie war dahin gelangt, das Essen zu verweigern. Eine geachtete Frau mit vielen Freundinnen. Sie wurde von allen gemocht… Je mehr er in seiner Lobrede fortschritt, desto mehr vervollkommnete sich in mir das Bild einer Frau, die in ihrem Salon mit purpurroten Vorhängen in Begleitung ihrer Freundinnen, die sich in Korsagen aus Seide gezwängt hatten, wo jeder Meter drei Kilo Mehl kostete, sich mit Süßigkeiten vollstopfte.

*Genug, mein Herr, viele Mütter beweinen ihre Söhne, die von Ihren Freunden und denen Ihres Sohnes gefoltert und erschossen wurden…*

Er entschuldigte sich: *Er ist so jung.*

Der Präsident platzte mit einem kategorischen Ton heraus, wie man ihn bei ihm nicht kannte, und zeigte dabei mit dem Kopf auf mich: *Kennen Sie das Alter der Genossin?*

*Ich bin zwanzig.*

Und ich stürzte mich in eine Tirade, die weit entfernt war von dem ruhigen Text voller Nachweise, den ich mühsam vorbereitet hatte. Ich erinnerte an *Annonay, Manoukian*, die dreifarbigen Kokarden der Studenten vom 11. November, *Guy Mocquet*, Stalingrad, die V2 über London… und Roland – alles durcheinander. Der Vater gab ein unhörbares *Pardon* von sich. Seine hochmütige Fassade war zerfasert.

Die Lektüre seines Dossiers hatte mich überzeugt, dass der Sohn nicht für Verbrechen schuldig war, mit denen bestimmte Anschuldigungen ihn belasteten. Man ließ ihn auftreten, im Angesicht seines Vaters, dem er ähnelte. Seine Blässe konnte seinem Aufenthalt in einem Keller geschuldet sein. Sein Gürtel saß immer noch stramm. Obwohl es nachgewiesen war und sein Vater es gerade bestätigt hatte, leugnete er anfangs jegliche Beziehung mit den SS. Dann erzählte er spontan – ohne Arroganz, aber schamlos – von seinen nächtlichen Ausflügen, Orgien oftmals, die er gewiss lieber mit guten französischen Kumpeln erlebt hätte als mit *ihnen*. Muss man sich nicht mit dem bescheiden, was man hat? Man kann es sich nicht immer aussuchen. Je mehr er redete, desto deutlicher wurde: seine Anziehung für einen der Offiziere war sexueller Art. Ich verstand es erst an dem Ton seiner Stimme, der eine wirkliche Verzweiflung verriet, als er zugab, dass er mit einem Offizier am Ufer der *Durance* spazieren ging, was in bestimmten Anschuldigungen auch präzisiert worden war. Sein Vater, der seinen Sohn mit betroffener Miene von oben herab musterte, murmelte *der Dreckskerl*. In Avignon, wo er einige Jahre zuvor aufs *Collège* gegangen war, hatte er seine Freunde kennengelernt. Er lieferte ihnen richtige *Calissons* aus *Aix-en-Provence* und kandierte Früchte für ihre Geschenke an die Ehefrauen in der Ferne oder die kleinen Freundinnen nahebei. Dank diesen Geschenken wurde er irgendwann in ihren Kreis aufgenommen, in dem einige von der SS waren. Niemals hatte er jemanden denunziert, obwohl sein Freund tatsächlich von der Gestapo war. Er schwor es. Ich erreichte von der Kommission, dass er auf sein Urteil im Gefängnis der *Baumettes* warten sollte. Sein Vater, dem ich meine Verachtung nicht verborgen hatte und dem ich meine Fragezeichen über seine eigene Rolle in der Kollaboration mitgeteilt hatte, verließ die Versammlung mit einer kurzen Kopfbewegung und ohne einen Blick auf seinen Sohn. Kollaborateur, Nazi, ohne stolz darauf zu sein, konnte er es zulassen… aber schwul!

Wir hatten uns hinten im Gerichtssaal im Halbkreis gesetzt, links von uns gingen vier Fenster zur Straße. Das eine wurde geöffnet, während besorgniserregender Lärm von den Balkonen kam. Ein Gewehrlauf ragte aus der letzten Öffnung. Der Sitzungspräsident gab den Befehl, sich mit der Waffe in der Hand zusammenzuschließen. Der Arbeiter wäre fast als

Held gestorben – mit seinem Werkzeug in der Hand. Er leitete die Kolonne, die mit der Reinigung der Fassade des Gebäudes beschäftigt war, das in ein paar Tagen *General de Gaulle* empfangen sollte.

Am 12. oder 13. September teilte uns der Sitzungspräsident die Direktiven für die Empfangszeremonie des Generals mit. Von uns würde niemand an dem Defilee teilnehmen. Wir könnten die Rede, die gegen Mittag vom Balkon gehalten würde, mithören und den General begrüßen, wenn wir ihm vorgestellt würden, vor oder nach dem Essen, zu dem wir nicht eingeladen seien. Wir waren in einem Salon versammelt. Er sollte mit Verspätung kommen. Sein Gefolge umfasste wenige Militärs, was mich erstaunte: Aubrac war an seiner Seite. Alles ging sehr schnell. Er grüßte mit dem Kopf. Alle Gesichter neigten sich zurück, er war so groß. Kaum zu Gesicht bekommen, hatte er schon auf dem Absatz kehrt gemacht, während noch eine schwere Stille herrschte wie vor dem Schauspiel einer Katastrophe. Erst am Abend erfuhr ich von den Kontaktproblemen zwischen De Gaulle und Aubrac, die uns um einen wirklichen Besuch unseres erklärten oder beschämt verheimlichten Idols brachten.

Wir waren noch in der Präfektur, als ein Mann, dessen Namen ich nie erfuhr, wissen wollte, ob ich aus einer bestimmten Stadt käme, welche es war, weiß ich nicht mehr. Meine Antwort enttäuschte ihn anscheinend, er hatte mich wahrscheinlich mit der Tochter eines seiner Freunde verwechselt. Sein väterlicher Ton brachte mich dazu, ihm meinen brennendsten Wunsch mitzuteilen: meine Eltern wissen zu lassen, dass ich am Leben sei, hier in Marseille. Ich würde auch meine Sorge beruhigen wollen, weil ich nichts mehr von ihnen gehört hatte, seit Daniel und Simone unter ihrer Obhut waren. Man kämpfte noch in *Saint-Malo*, mein Vater war im Widerstand. Meine Angst wäre noch vervielfacht worden, wenn ich seine genaue

Rolle gekannt hätte, die ich nach seinem Tod durch einen Brief vom *BCRA* erfuhr, dem *Zentralen Büro für Erkundigungen und Aktionen des Freien Frankreich.* Als er erfahren hatte, dass ich Paris Richtung Lyon verlassen würde, empfahl er mir, mich im Falle von Problemen an Herrn Gouze (war der auch Mitglied des *BCRA*?) zu wenden, den ehemaligen Schulleiter des Gymnasiums in Dinan, das er für eine Stadt nahe Lyon verlassen hatte, und sagte mir: *Das ist ein wahrer Mann.* Ich erinnere mich an diesen Rat, weil die Tochter dieses wahren Mannes Danielle Mitterrand[37] ist. Ich durchlebte noch einmal diese Abschiedsszene, als ich hastig einige Zeilen kritzelte. Meine Eltern erhielten die Botschaft erst nach meiner Rückkehr; stattdessen bekamen sie aus dem Haus des Generals schnell eine beruhigende Nachricht. Magisch!

Zwischen den täglichen Kommissionsitzungen, den Büroversammlungen der *FUJP*, Propaganda-Touren in dunklen Sälen zur Zeit der ersten, aber auch der zweiten Vorstellung war die Schlafenszeit knapp, weil sie der Pflicht einer Aktivistin geraubt wurde. Die Amerikaner organisierten eine Gala, um die Wiederaufnahme der Hafenaktivitäten zu feiern, indem mehrere Molen dank der Arbeit der Docker und einiger junger Freiwilliger der *CGT*-Gewerkschaft und der *Jungen Kommunisten* wieder aufgebaut worden waren… und trotz unserer einschränkenden Parolen war es auch ihnen zu verdanken. Ich war müde, aber nahm mit Begeisterung ihre Einladung an, dort die *FUJP* zu repräsentieren, denn wir sollten Josephine Baker sehen, hören und sogar mit ihr reden. Der Abend zog sich hin, ich schlief beim Rhythmus des besten Jazz ein. Von meinem Idol sah ich nur das Käppi.

Ich wäre auch gern Lucie Aubrac begegnet, und wenn es ein einziges Mal gewesen wäre.

37 AdÜ: Widerstandskämpferin, seit 1944 mit dem späteren Präsidenten François Mitterand verheiratet.

Es hieß, sie würde manchmal mit ihrem Mann in der Kantine der Präfektur, dem späteren *Jambon de Parme*[38], einem sehr guten Italiener der fünfziger Jahre, zu Mittag essen. Die Legende von Lucie war schon lebendig, man sagte, sie sei sehr schön und *brüderlich*, weniger steif als ihr Mann, unser Chef. Auch dieses Idol entging mir.

Marseille, zweite Stadt Frankreichs, zumindest behaupteten wir das in allen unseren Reden, war soweit, sich einen Stadtrat zuzulegen. Der Beauftragte der Regierung hatte einen sozialistischen Widerstandskämpfer zum obersten Verwaltungsbeamten der Stadt ernannt: Gaston Defferre. Die Partei war in hellster Aufregung. Die *JC* dürften ihr Ratsmitglied bekommen, das aus einer Liste gewählt werden müsste, die für alle Organisationen der Résistance offen wäre. Es wurde der Auserwählte des Büros der *FUJP* oder genauer gesagt der KP. Drei Kommunisten und ein *Messdiener* entschieden tatsächlich, dass unser Mandat einem Jungen aus den Hafenbrigaden übertragen wurde, der von der Kommunistischen Jugend angeleitet wurde. Der Erste von ihnen, der unsere Schwelle überschritt, ein langer, etwas lässiger Junge namens Posado, wurde Stadtrat. Die Pressemitteilung sprach von einem jungen Aktivisten, der unter vielen Bewerbern ausgewählt wurde. Keine zehn Jahre später erzeugten Posados Tiraden über den *Beruf des Dockers, den ich gut kenne*, als er Permanenter und dann Mitglied im Zentralkomitee der KP geworden war, bei mir Grimassen oder Lächeln, je nach Stimmung. Eine traurige Feststellung: heute wären sie mir gleichgültig.

Eine fixe Idee setzte sich in meinem Kopf, meinem Herzen und den Eingeweiden fest, sobald die Frage eines Bataillons aufkam, das an die Front gehen sollte, die schon in Lothringen war. Schließlich erlaubte man mir, mich zur ärztlichen Untersuchung für die Einberufung zu begeben. Der Arzt, der

38 AdÜ: Parmaschinken

mich empfing, ein korsischer Chirurg, der später mein Freund wurde, kam mir inkompetent vor. Er lehnte mich ab, ich hatte nicht das nötige Gewicht. Sobald dieses Verdikt ausgesprochen war, hatte ich nur noch einen Wunsch, mich in die Arme meiner Eltern zu schmiegen. Mich wieder aufbauen, um vor eine weniger chauvinistische Kontrolle zurückzukehren – das war in der damaligen Zeit noch nicht der Begriff, als die Frauen schüchtern das Statut von Bürgern erlangten.[39]

Wenige Tage vor meiner Abfahrt aus Marseille Mitte September 1944 organisierten die Genossen ein kleines Abschiedsfest. Dabei war ein sehr junges Mädchen von 14 oder 15 Jahren. Aufmerksam unserer Unterhaltung über das Leben im besetzten Paris folgend stellte sie mir eine Frage: *Was hast du genau gemacht?* Da war nur Leere, ein Flop; um die Spannung nicht länger andauern zu lassen, antwortete ich: *Ich ging umher.* Wenn ich richtig überlege, war es der Alltag des Aktivisten an der Basis: Straßen und Wege zu durchschreiten. Im Frühling konnte das ein Vergnügen sein; bei großer Kälte war die Metro nicht verboten, obwohl sie viel gefährlicher als der Asphalt war. Paris war nicht Shanghai, und niemals hielt ich mich für Kyo[40], außer *wenn er nicht mehr die Straßen sah,* wenn *er nicht mehr im Schlamm lief, sondern auf einer Ebene,* und wenn *das Klopfen von Millionen kleiner, alltäglicher Leben verschwand, von einem anderen Leben niedergetrampelt.*

39 AdÜ : Die Frauen erhielten erst nach dem Krieg das Wahlrecht.

40 AdÜ : Malraux's Held

## Dinan

Die Reise war lang. Es regnete, die Wege wirkten wie Krater voller schmierigem Schlamm. Ich war perplex über die Zerstörungen. Die enthaupteten Kirchtürme schienen ihre Seele verloren zu haben. Selbst das kleinste Dorf war verfallen, die Bäume hinüber, die Gräben noch mit Eisen verstopft. Der Fahrer musste regelmäßig von der Straße weichen, um Militärfahrzeuge durchzulassen, die zu *Nestern* in *Saint-Malo, Brest* oder *Lorient* fuhren, die noch in deutscher Hand waren. Wir kamen in *Rennes* gegen 16 Uhr an. Ich sprang sofort in den Wagen, ein kleiner Rosengart, wie mir der junge Mann am Steuer stolz mitteilte. Ich hatte darum gebeten, dass man meinen Vater anruft, um meine ungefähre Ankunftszeit mitzuteilen. Der Regen hatte aufgehört. Die Stadt Dinan war da und immer noch schön. Um sie mir besser wieder anzueignen, hatte ich um einen Halt am Viadukt gebeten, der das Tal überspannt und seinen Schatten auf die Brücke wirft, die schon im Mittelalter die beiden Ufer der *Rance* verband, die dort noch ein richtiger durch Wiesen fließender Fluss ist, bevor sie sich in das maritime Abenteuer wirft. Fahnen, deren Farben man kaum erkennen konnte, flatterten über den Festungsmauern des *Englischen Gartens*, der seinen Namen zurückbekommen hatte. Die Abenddämmerung umhüllte die Kirchtürme von *Saint-Sauveur* und *Saint-Malo*. Ich verließ das Auto in der Nähe des Schlosses von Herzogin Anne. Um mich wieder zu fangen, musste ich laufen. Eine Silhouette hob sich im Licht der Straßenlaterne ab. Ich schwankte. Mein Vater, wie immer in Golfhose, Schottensocken und Matrosenjacke über dem Pullover. Er hatte zu Mama und Oma gesagt, dass ihn ein Anruf von meiner Ankunft an diesem Abend oder wahrscheinlich am folgenden Tag benachrichtigt hätte. Er fürchtete sich davor, dass etwas dazwischen kommen könnte, eine Panne, eine Verspätung, welche die Frauen nicht ertragen hätten. Er seinerseits hatte, um sich zu beruhigen, länger als eine Stunde geradelt, bevor er mir entgegen kam.

Von der ersten Kneipe rief er meine Mutter an, dass sie den Braten in den Ofen schieben könne.

Ich saß auf der Stange seines Fahrrads wie damals, als ich ein kleines Mädchen war und zur Vereins-Bar der Stadt kam, die meine Mutter leitete. Mein Vater ging als erster in unsere Wohnung, die Decke lag auf dem Tisch, Oma stand an ihrem Herd, Mama vor dem Geschirrschrank.

## Zwanzig Jahre alt

Es hatte die Résistance gegeben. Ich war zwanzig. Ich kam nach fast zwei Jahren Abwesenheit nachhause. Wir saßen bei Tisch. Meine Mutter weinte jedes Mal, wenn ich mich an sie wendete … sie, sonst so geschwätzig, redete nicht; auch mein Vater blieb schweigsam. Das war bei Oma nicht der Fall: aufgedreht, verjüngt, lustig wie so oft. Ich hatte ihnen zwei wichtige Dinge zu sagen. Das erste, mein Eintritt in die kommunistische Partei: Ich hoffte auf ihre begeisterte Zustimmung. Das war nicht wirklich der Fall. Mama, selbst Kommunistin, jedenfalls glaube ich das, kommentierte nur:

*Fast alle im Untergrund waren Kommunisten… oder sind es geworden.*

Mein Vater beschränkte sich auf ein *nicht alle*. Oma ging dazwischen:

*Du hast Recht, das sind die Besten… Ich jedenfalls habe sie alle angehört. Ich, weißt du, ich gehe auf alle Versammlungen.*

In diesem Winter 1944/45 folgten sie in einem mörderischen Rhythmus aufeinander. Meine Eltern bestätigten das, wobei sie über die Vitalität der Ahnin scherzten.

*Man muss informiert sein, sie kommen, um deswegen mit dir zu reden… musst ihnen gut zuhören. Mir gefällt Pierre Hervé* (ein junger kommunistischer Intellektueller, der damals eine Crypto-Zeitung leitete: *Action*). *Ich habe ihm genau zugehört. Ich sag nichts gegen Cachin, aber er ist alt, viel zu alt.*

Unser Lächeln kam bei ihr an:

*Wie ich, wir sind nur noch Kerngehäuse. Muss man die Jungen machen lassen wie den Pierre Hervé… Zu alt ist er, der Cachin, aber besser als die Dienesch… Marie-Madelaine, sie flennt die ganze Zeit.*

Ich erfahre, dass Fräulein Dienesch Mitglied des *Mouvement Républicain Populaire* (*MRP*) ist. Vorsichtig werfe ich ein:

*Du willst die Dienesch nicht, weil du gegen die Ohrfeige bist…*

*Das ist nicht wahr, denn ich, Marie-Josèphe Brunet, ich weiß, die wahren Kommunisten und die wahren Christens, das ist dasselbe.*

Und zum ersten Mal höre ich sie von ihrem Mann sprechen, meinem Großvater, dem fahrenden Gesellen, der als Schmied gekommen war, um am Bau der Metallbrücke mitzuwirken, die den *Arguenon* überspannt. Er fand die Marie-Josèphe so hübsch, dass er sie in seinem kurzen Leben nicht mehr verließ. Mein Großvater erzählte seiner Verlobten in jenem Jahr 1900 von der Pariser *Commune*. Die Republik der Landstreicher, wie Oma sie an diesem Abend nannte, als sie diese glücklichen Tage noch einmal wachrief. Oma erklärte, dass zu den reisenden Gesellen viele Kommunisten gehörten, die von damals, aber auch Katholiken und sogar Priester. Nicht die Fetten natürlich. Ihr Mann, der ein aufrechter Mensch war, Arbeiter, nie einen Tropfen trank, war Sozialist, aber Vetter Jules, sein Freund, der war Christ, ein wirklicher, echter. Oma billigte mich vorbehaltlos. Es stimmt, dass ich für sie immer die Schönste, die Intelligenteste, die Liebevollste war. Sie wiederholte, als ich ihr in der Küche half: *und sie kann alles machen, die Kleine*. Eine einzige Sache missfiel ihr ein wenig, die Jugendherbergen, die sie wie ich *Aji* nannte. *Das ist nicht auszuhalten, so'n* hübsches Mädchen wie das da, sich so anzuziehen, wenn es drum geht, sich mit weiten Hosen und *so'nen Stiefeln anzuziehen, also da… meine Kleine, wenn man dazu gezwungen ist, dann soll man Holzschuhe rumschleppen.*“

Ich bat um den Segen meines Vaters; ich bekam ihn, gemischt:

*Ich kann dazu nichts sagen. Jeder macht seine Erfahrungen. Ich für meinen Teil beobachte schon seit langem die Kommunisten, manchmal helfe ich ihnen, aber in ihre Partei eintreten, nein.*

Meine zweifelnde Miene brachte ihn dazu weiterzureden.

*Sieh mal, das sage ich Mama oft, wenn man genau hinschaut, ist die Hälfte von ihnen damit beschäftigt, die andere Hälfte auszuspionieren.*

Ich war fassungslos, am Boden zerstört. Wie oft habe ich nicht seitdem die Gelegenheit gehabt, an diese so scharfsichtige Erklärung zurückzudenken. Sie hat mich vor einer absoluten Ja-Sagerei bewahrt.

Ich wollte von den ersten Minuten unseres Wiedersehens an mich diesen drei Menschen, deren Liebe mein Gerüst war, nackt zeigen. Die Wörter erstickten mich im wörtlichen, physiologischen Sinne. Sie hatten Roland akzeptiert, mein Vater hatte ihn in Paris getroffen. Als ich ihnen einen Brief zukommen ließ, war er voll mit meinem Glück. Sie beantworteten ihn, indem sie uns Vorsicht rieten und von der Zukunft sprachen. Es war nötig, dass sie sofort Bescheid wussten, damit ich mit ihnen zusammen leiden konnte. Roland war von der französischen Miliz in den Bergen der Auvergne ermordet worden. Ich konnte nicht aufhören, an ihn zu erinnern, sie schwiegen, liebkosten mich mit ihren tränenverschleierten Blicken. Meine noch immer klaffende Wunde wartete auf ihre Pflege. Um der Sache willen, hatte ich das Kind nicht behalten. Meine Mutter weinte, Oma skandierte traurig *S'gibt kein' lieben Gott.*

Lange hielten sie mich in ihren Armen.

Nichts hatte sich geändert. Und alles war anders! Es war so, dass ich anders war, vom Untergrund gezeichnet, den ich für eine ernst zu nehmende psychologische Prüfung halte, deren unauslöschliche Auswirkungen auf die Persönlichkeit ich noch nicht ermaß. Studentin der Geisteswissenschaften zu sein, wie deine Einschreibung bestätigt, oder Sekretärin zu sein, wie deine Arbeitsbescheinigung anzeigt, wenn du vorhast, Arzt zu werden, einen Personalausweis und eine Zuteilungskarte auf den Namen Louise Bonnand zu haben, bevor du Anne Leveneur heißen wirst, um dann Anne Rivière zu werden, wohingegen die einzigen Menschen, die sich direkt an dich wenden, ein anderes Pseudonym gebrauchen, das verlangt eine zerebrale Geschwindigkeit, die ebenso erschöpfend wie destabilisierend ist. Keine Adresse zu haben außer einer fiktiven und befristeten hilft nicht dabei, sich neue Orientierungspunkte zu schaffen. Man wird sein eigener Schatten. Allein auf der Welt in einer feindlichen Welt ist jede Geste ein Sieg gegen die Angst, verhaftet und gefoltert zu werden und noch schlimmer *zu reden*. Jede Handlung ist eine anonyme Spende an die *Sache*. Der Enthusiasmus, die Gewissheit, auf dem richtigen Weg zu sein, der Stolz auf das Engagement helfen, diese Selbstaufgabe zu überwinden, die nichtsdestotrotz eine Art Amputation deines Bewusstseins ist.

Die Möglichkeit der Schizophrenie im Untergrund dürfte sich für denjenigen noch vervielfachen, dessen verborgene Seite mehr gilt als seine sozialen, familiären, beruflichen Aktivitäten, die er jedoch weiterführen muss, als ob nichts wäre. Seine Rituale beizubehalten, obwohl sie nur noch Tarnung sind, wirkt bestimmt traumatisierend, doch die *Vollzeit*-Lüge des Untergrundkämpfers scheint mir noch zerstörerischer, sofern sie dein vollständiges Verschwinden in einem endgültigen Inkognito ermöglicht. Gewiss steigert diese Perspektive noch das Romanhafte der Situation, für das die jüngsten Kämpfer, zu denen ich gehörte, empfänglich waren.

Von außen betrachtet kann man das Leben im Widerstand, sei es ganz oder teilweise im Untergrund, als eine Abfolge von starken Gefühlen, von Entdeckungen, außergewöhnlichen Begegnungen, bereichernden Wanderjahren und neuen Freundschaften betrachten; nichts davon stimmt, jedenfalls nicht für die Soldateska und vor allem nicht, wenn sie sich in Gruppen kommunistischer Zugehörigkeit engagiert.

Von jeglicher freien Diskussion ausgeschlossen und unter dem Verbot eigener Initiative war der Basisaktivist mehr noch der Beraubung seines Selbst ausgesetzt, er beneidete die Unerreichbaren, die Strategien des Widerstands entwickelten und über die Möglichkeiten nachdachten, wie man *die bessere Zukunft vorbereiten könnte … auf Russisch.*

Diese schleichende Bewegung in die Entblößung des Selbst installierte sich tatsächlich in unserer Gesellschaft, die durch Sicherheitsvorschriften komplett von der Außenwelt abgeschlossen war, und wahrscheinlich auch durch ein hinterhältiges Misstrauen der oberen Ränge der KP jungen Intellektuellen gegenüber, die sich der Partei im Verlauf des nationalen Kampfes gegen den Nazi-Besatzer angeschlossen hatten. Es brauchte dafür mehrere Jahre, etwa zehn in meinem Falle, dass diese aus der Résistance geborenen Kommunisten sich Fragen über die Politik der Partei während dieser finsteren Jahre stellten.

Wie viele junge Menschen erlebten wir die ersten Wochen im Untergrund wie eine Erholungspause, frei von sozialen Zwängen, vom Druck des Familienlebens, auch wenn er leicht war. Und dann gab es dort die Liebe, die fähig ist, alle gefühlsmäßige Niedergeschlagenheit wegzufegen. Gewiss, das Glück blieb befleckt von dem Vergehen, dem Ungehorsam gegenüber der Partei, für die das Bettgeflüster gefährlich war für die Sicherheit der Gruppe. Liebe mit Restriktionen; niemals erfuhr ich Rolands Rolle, niemals kannte er meine. Als die Befehle gegeben wurden, respektierten wir trotz des Schmerzes, ohne aufzubegehren, die Anweisung zur Trennung, obwohl wir wussten, dass sie endgültig sein konnte. Im Nachhinein beeindruckt mich dieses Schweigen und zeigt mir die spezifische Besonderheit von Beziehungen einschließlich der Liebesbeziehungen in jeder rein zufälligen Situation.

In Lyon geschah es, dass sich in mir schleichend das Gefühl entwickelte, zum Roboter gemacht zu werden, am Rande der Gesellschaft, aber auch meiner selbst zu leben. Ein paar in einem Maquis verbrachte Stunden, wo die Leute mir zulächelten, auf die Schulter schlugen, ein Glas Wasser oder Wein anboten, nach meiner Meinung zu den Ereignissen oder zum Geschmack der Suppe fragten, füllten ein wenig die Leere, die bei den Handlangern durch den Mangel an emotionalen und intellektuellen Beziehungen verstärkt worden war. Diese Bäder in Brüderlichkeit machten die Rückkehr in den Alltagstrott des Widerstands voller Tücken in der Stadt schwierig.

## Der Abschied von den Waffen. Rückwärtsgang

Ende November erlaubte die Partei meine Rückkehr nach Paris. Das war keine Demobilisierung. Gleich nach meiner Ankunft musste ich Kontakt mit der nationalen Leitung der *FUJP* und der *JC* aufnehmen. Da ich doppelköpfig war, den einen Kopf unter Wasser, den anderen in der Luft, musste ich auch noch den *MLN* aufsuchen. Nebenbei gesagt empfahl mich ein Mitglied des Befreiungskomitees an einen seiner Freunde, den ich wahrscheinlich bei der Zeitung *Combat* finden könne.

Mein heimliches Projekt war, mich in den Bataillonen der Jugend zu engagieren, denen von Oberst *Fabien*, unserem Helden, der als sehr junger Kämpfer in Spanien in den Internationalen Brigaden war, bevor er im Untergrund ein Verantwortlicher der *kommunistischen Jugend* und danach Offizier in den *Freischärler-Partisanen* (*FTP*) wurde. Für den Fall, dass meine militärischen Ambitionen ein weiteres Mal verdrängt würden, dachte ich zu versuchen, dass ich eine Stelle als Sekretär in der Zeitung *Action* bekomme, von der einige der ersten Ausgaben nach Marseille gekommen waren.

Der Zug brauchte mehr als zwanzig Stunden bis Paris. Er hielt an jedem Bahnhof und sogar, wenn es keinen gab. Sobald es hell wurde, klebte ich mit der Nase am Fenster und versuchte, die Orte zu erkennen, die ich fünf Monate lang zwischen Orange und Lyon bereist hatte. Wie zum Beispiel den verschneiten *Mont Ventoux*: ich erinnerte wie ich – gerade erst in Lyon angekommen – nach *Propriac* gelangen musste, das seinem Nordhang gegenüber liegt, um eine Botschaft an einen Aktivsten zu überbringen, der auf eine der *Baustellen für die Jugend* eingeschleust worden war, diese Plätze, an denen der Mythos der *Nationalen Revolution* von Pétain mit seiner Devise *Arbeit, Familie, Vaterland* gepflegt wurde.

In Lyon hielt der Zug unendlich lang, es war Nacht.

Wie so oft in dieser Stadt, der Hauptstadt der Résistance, legte sich ein schweres Gewand fest um meine Gedanken wie in einem Nebel aus diffuser Angst. Ich war allein. Roland hatte mich verlassen. Einsamkeit. Verbotene Anhaltspunkte. Verlorene Identität. In diesem Bahnhof war ich *Anne Leveneur*, meine Papiere bestätigten es. Als Romanheldin hat man das Glück zu existieren, zumindest für seinen Schöpfer, aber die Paulette, Antoinette und all die anderen, wer kennt sie? Leben im Schweigen ohne Austausch. Einen Brief oder ein Paket in teilnahmslose Hände abgeben, mit einem unbewegten Gesicht rezitieren *Avenue du Saxe, auf der Höhe von der 8, Montag 17 Uhr, wiederholen Dienstag 8 Uhr Rue du Faubourg vor der Bäckerei*. Unerschrocken durch die Stadt laufen und dabei auf die Gefahren lauern. Nachts im Gebirge die Hunde panisch jaulen hören, damit unsere Angst sich noch steigert; das Leben eines simplen Soldaten, der ausgelaugt am Rande der Erschöpfung ist, nicht beachtet wird, dessen Selbst entleert wurde.

An wie viele Menschen hatte ich in zwei Jahren mehr als zwei oder drei lapidare Sätze gerichtet? Und die Versammlungen, Reden, Kolloquien in Marseille: Entschädigung für das Schweigen? Nein! Der Kampf geht weiter, jeder auf seinem Posten! Für eine bessere Zukunft – später.

Es war kalt. Ich hatte den eiskalten Nebel vergessen, doch zum Glück war mein Schal aus Fallschirmseide so groß wie ein Schweißtuch. Noch im Zug schwankte ich, ob ich mich in einem der Hotels von Freunden meiner Eltern unterbringen lassen oder meine Übernachtungs-Bons nutzen sollte, als ich – eine glückliche Überraschung – auf meiner Liste las *Hôtel Paris Dinard, Rue Cassette*[41]. Obwohl erschöpft musste ich auf der Stelle zu Tisch gehen. Man kann jahrzehntelang Pariser sein, trotzdem bleibt *bei uns* das wirkliche Zuhause. Erstmal essen, alles andere später! Würste, Speck und Butter aus *Bourseul* wie vor dem Krieg abzulehnen hieße abschwören.

41 AdÜ: Dinard liegt an der Mündung der Rance, Dinan am Oberlauf, weiter südlich, aber beides sind bretonische Städte ihrer Kindheit.

Ein Kopf zeichnete sich in der Türöffnung ab, ein Amerikaner, Kriegskorrespondent im Ruhestand. Voll mit Cowboy-Geschichten in einem Paris, das er wie ein Einheimischer kannte! Seine Lässigkeit war verzeihlich, ein Ami halt! Ein Wichtigtuer, aber witzig, sein Akzent verstärkte noch die Komik. Er genoss unsere Heiterkeit; als er seine Kenntnis unserer Mundart oder genauer gesagt der unseres kleinen Zimmermädchens nachmachte: „*Vla la plai qui chai. Dame, vingt diou som l'hiver.*“[42] Die Küche mit ihren enormen gasbetriebenen Kaffeemaschinen und den Haufen Teekannen, die auf die Frühstückszeit warteten, verwandelte sich in eine Taverne. Jeder neue Gast wurde eingeladen, mit mir anzustoßen. Die Stimmung war für die franko-amerikanische Freundschaft. Der Journalist bestand darauf, dass ich ihm meinen Werdegang als Widerstandskämpferin erzählte, wie ich es hier beim Schreiben dieser Zeilen mache. Ich lehnte ab und erklärte herablassend, dass ich mir nicht gehörte und nur meine Verantwortlichen von den *JC* wissen könnten, ob es richtig sei, ihm zu antworten. Sein *Ok, Ok* im Ton eines *Amen* machte mich verlegen.

Der Sitz der *FUJP* war ein Gebäude gegenüber dem Haupteingang vom *Parc Monceau.* Dort traf ich *Paupart*, dessen Platz ich in Marseille übernommen hatte. Ihm, dem gescheiten U-Boot zufolge sollte ich fester Mitarbeiter der Organisation werden. Er hatte keine Vorstellung von der Arbeit, die mir übertragen würde, das Wichtigste, falls ich es vergessen hätte, wäre, ein Büro zu haben, was andere nicht bekommen würden. Ich lehnte auf der Stelle ab.

Meine Unterredung am nächsten Tag mit einem Verantwortlichen der *JC* war genauso enttäuschend. Er wollte mich als Redakteurin in der Zeitung *Filles de France*[43], einer

42 AdÜ: Schau mal die Wunde, die ich habe. Bei Gott, wir haben Winter!
43 AdÜ: Töchter Frankreichs

der zahlreichen Publikationen der KP, ohne zu wissen für welche Rubrik. Ich wurde der Verantwortlichen vorgestellt, die mit meiner Anstellung beauftragt war. Totales Fiasko. Meine Litanei *ich verstehe vom Journalismus nichts* beeindruckte sie nicht – hatte ich nicht ein paar Zeilen im *Mistral* geschrieben, dem kurzlebigen Blatt der *FUJP* in Marseille, und im *L'Espoir*, dem Organ der *Jungen laizistischen Kämpfer*? Das wusste sie gut, denn wir waren, wie sie mir in Erinnerung rief, Nachbarinnen während eines Meetings, auf dem der renommierteste unserer Schriftsteller, Aragon, einige Worte auf meine Einladungskarte hingeworfen hatte. Ich versuchte, ein paar Tage zum Nachdenken zu erreichen, die mit der Dauer eines kurzen Aufenthaltes bei meinen Eltern zusammenfallen könnten. Die Dringlichkeit, den jungen Frauen, die demnächst zur Wahl[44] gehen würden, zu zeigen, dass nur die Kommunisten für sie gekämpft hatten und dass nur die Redakteurinnen von *Filles de France* ihre Zielvorstellungen kennen würden, war so stark, dass mein Urlaub abgelehnt wurde. Aber welche Vorstellungen hatten diese Mädchen, die ich vor drei Jahren verlassen hatte? War es angemessen, sie mit ihrer eigenen Zeitung gesondert anzusprechen, wo wir doch die Gleichheit der Geschlechter vertraten? Die Genossin blickte mich bestürzt an und fällte das Urteil: *Wenn man verweigert, in der Zeitung von Danielle* (Danielle Casanova, Heldin der kommunistischen Résistance, Frau eines Würdenträgers der Partei, in der Deportation gestorben) *zu arbeiten, ist man dann würdig, Kommunist zu sein?* Sie antwortete: *Nein.*

Ich hatte ein Zentrum für die Rekrutierung zu den Bataillonen der Jugend im 13. Arrondissement gefunden. Als ich mich dort vorstellte, wollten sie keine Mädchen mehr. Der Besuch war jedoch nicht umsonst. Ich zitterte vor Kälte in dem Kostüm, das ich im September in Marseille gekauft hatte. Die Sekretariats-Soldatin gab mir eine Jacke für die Hilfskräfte der Indien-Armee, in der ich schwamm, aber im Warmen.

44 AdÜ: Das Frauenwahlrecht wurde damals in Frankreich eingeführt.

Ich begab mich auch zur Zeitung *Action* in der *Rue des Pyramides*. Ich begegnete dort einer jungen Frau, die ich in *Valence* kennengelernt hatte. Sie war sehr elegant, trug Handschuhe aus Fell und eine Tasche aus Leder, ihre Frisur war tadellos, ihre Maniküre ebenso. Ihre Erscheinung als Mädchen aus gutem Hause machte mir schwer, sie wiederzuerkennen. Fast eingeschüchtert vor dieser neuen Person war ich trotzdem glücklich über ihre Anwesenheit an diesem Ort, an dem eine Art lässiger Snobismus herrschte. Da sie meine Bedrängnis spürte, wollte sie mir einen ihrer Genossen vorstellen: *POM*, *Pierre Olivier de Marichard*, den ich in der Ardèche kennengelernt hatte, nachdem er, so das Gerücht, eine Organisation pro-Vichy verlassen hatte. Ich wurde *Vlady* anvertraut, *Victor Leduc*, dem späteren Ideologen der nicht-kommunistischen Linken, vor dem ich meine kurze und platte Biographie abspulte. Er war sehr nett und führte mich in ihr Bistrot zum Mittagessen. Die Atmosphäre war ungezwungener als bei den *Filles de France*. Sie diskutierten, machten sich gegenseitig an, brachen in lautes Gelächter aus. Diese Intellektuellen, die manch einer schon die *Kaviar-Linke* nannte, machten mir trotzdem Angst. Klarsichtig begriff ich, dass ich mich bei ihnen auf die Rolle eines Groupies beschränken müsste.

Bei *Combat* traf ich Camus nicht, ich glaube, ich wusste nicht einmal, dass er der Direktor der besten Zeitung war, die in der Résistance entstanden ist, während ich ohne Zögern die Namen der Mitglieder des Politbüros der KP rezitieren konnte. Auch dort herrschte eine fröhliche Aufregung. Ich übergab meinen kurzen Einführungstext an einen etwa fünfzigjährigen Mann, der sich nach meinen unmittelbaren Wünschen und meinen zukünftigen Projekten erkundigte. Ich dachte an meinen Vater, die gleiche wohlwollende Ruhe. Er betonte meine Chance, Studentin zu sein und insbesondere in Medizin.

Nach einem Kaffee, der auf der anderen Seite des Atlantiks eingepackt worden war, schlug er mir vor, mich am übernächsten Tag um 6 Uhr morgens in der Werkstatt des Blattes einzufinden. Er würde anwesend sein, um meine Abfahrt mit dem Papiertransporteur zu überwachen, der sich nach Rennes begeben würde, um die Zeitung *Ouest-France* zu versorgen. Er würde sich vergewissern, dass mein Transfer nach Dinan noch am selben oder dem folgenden Tag geschähe.

Entschlossen, noch einmal mit den *FUJP* Kontakt aufzunehmen, irrte ich am Abend vor meiner Heimfahrt durch den *Parc Monceau*. Ich hoffte weiter, meinen Platz in einer Organisation zu finden, wo ich mich an dem Kampf für bessere Tage in einem von den Nazis befreiten Europa beteiligen könnte. Beim Verlassen des Parks, bereit über den Platz zu gehen, um in das Gebäude der Jugendorganisation zu gelangen, wurde ich von einer unendlichen Müdigkeit gepackt. Unter dem Einfluss dieses Eindrucks von Leere kehrte ich um. Bilanz dieser Pariser Suche: Nichts. Niemand, außer dem Freund, der mich an die Medizin zurückgeben wollte, hatte mich nach meinen Ambitionen und Erwartungen gefragt. Irgendjemand irgendwo in einem Büro hatte beschlossen, dass ich Artikel über das Kino schreiben sollte, über das Kochen mit Surrogaten (die man nur mit dem deutschen Wort *Ersatz* bezeichnen konnte), über die beste Weise, Handschuhe mit recycelter Pulloverwolle zu stricken, über die Art, wie ein Mädchen sich an den letzten Anstrengungen vor dem Sieg beteiligen konnte, indem sie *Patin* eines unserer Soldaten wurde.

Einige Monate später, nach der Kampagne für die Kommunalwahlen, an der ich in Dinan teilgenommen hatte, erinnerten sie sich an meine Existenz. Ich sollte mich darauf vorbereiten, Kandidatin für den ersten Aufnahmewettbewerb der *Ecole nationale d'administration* (*ENA*)[45] zu sein. Ihre Belästigungen hinderten mich daran, ein Dossier herzustellen. Zu jung noch konnte ich nicht wie einer der Alten aus *L'Espoir* sein *die beseelt von ihren revolutionären Gefühlen ihrem Leben einen Sinn hatten geben wollen, die jetzt, wo sie von all dem zurückgekommen sind, der Sache dienen.*

---

45 AdÜ : Elite-Hochschule für Administration

# Die Partei

*Tausend kleine Resignationen nacheinander*

*bereiten die große Abdankung vor.*

Edgar Morin, *Autocritique*

Für unsere Generation sollte die Befreiung in eine bessere Zukunft mit Gesang führen. Um besser zu singen, haben wir unseren Aktivismus in der kommunistischen Partei bewiesen. Enthusiasmus, Ungestüm, Utopie und Romantik, dann Mystifikation und Ernüchterung. Eine lange, mit brutalen Stürzen gespickte Rutschpartie.

Zwanzig Jahre alt beim Kriegsausgang. Eine zerschundene, amputierte Jugend, aber voll mit einer besonderen Erfahrung, der monströsen Stille, die der Untergrund gebietet. Unser Traum, die Egoismen der Menschen niederzuschlagen, Rose und Reseda zu vereinen[46], die Grenzen zwischen den Menschen und den Nationen aufzuheben, währte nur einige Frühlinge. Dann kam die Zeit des uneingestandenen Verdachts. *Unsere Partei* konnte lügen, ruinieren, zerquetschen.

Die Résistance. In eine feindliche Welt geworfen, ohne Bezug zur Vergangenheit des umsorgten Mädchens bekämpfte ich die Angst mit der Hingabe an die Sache. Die fiktive Identität der Untergetauchten band mich an meine neue Familie, die mythische Partei. Ihre Kraft schützte mich. Nach der Wiederkehr des Friedens machte ihre Aura mich grösser. Wie jeder Aktivist einer Partei, eines Vereins, einer Sekte verherrlichte ich ihre Erfolge, auch wenn ich fand, dass die Zahl ihrer Mitglieder (um die 800 000 wurden angegeben) ein bisschen aufgeblasen war. Mein Ego blähte sich gefährlich auf, weil ich denselben Glauben mit zahlreichen glanzvollen Intellektuellen teilte.

Frühjahr 1945: Maurice Thorez, unser aus der UDSSR zurückgekehrte Führer befürwortete die Auflösung der Befreiungskomitees und der patriotischen Milizen. Ich fühlte mich reingelegt und wenig bereit dazu, die *Realpolitik* zu billigen, ich lief Gefahr, zu diesen verirrten Lämmern zu gehören, zu den *Gauchistes*[47], die man damals eher mit dem Schimpfwort

46 AdÜ: Gedicht von Louis Aragon, ruft zur Einheit in der Résistance auf.
47 AdÜ: Bezeichnung für Linksradikale

*Hitler-Trotzkisten* belegte. Ich goss Wasser in meinen Wein.

Die Erfahrung des Untergrunds ist unauslöschlich. Sein familiäres und soziales Ich aufzugeben macht einen fähig, diejenigen zu verstehen und zu imitieren, die *ohne eine Adresse zu hinterlassen* weggehen. Diese absichtliche Marginalisation, die während der Résistance notwendig war, hat mich nie verlassen, sie hat mich aus der sozialen Gruppe, für die ich auf Grund meiner beruflichen Stellung bestimmt war, entfernt und mich vor jeglicher Anziehung für die vorderen Ränge bewahrt.

Nach der Résistance blieb ich für andere Abenteuer verfügbar.

Ohne Überzeugung hatte ich mein Studium in Rennes wieder aufgenommen, mit Überzeugung beteiligte ich mich an den abendlichen Feiern unter Studenten, um mich zu betäuben, wobei mir klar war, dass es keine Heilung bedeutet, seine Sehnsucht zu betäuben.

Ein Brief entzündete wieder das schwelende Feuer. *Louis d'Artenuc*, ein Freund, den ich in Marseille getroffen hatte, verkündete mir seine Abfahrt nach Fernost, weil er als Berater für eine kulturelle und militärische Mission ernannt worden war. Er war halb asiatischer Herkunft aus Indochina, Englischlehrer in Marseille. Ich kannte ihn aus dem Untergrund. Er konnte Frankreich nicht verlassen, ohne mir seine Liebe zu gestehen und mich zu bitten, ihn zu heiraten. Seine Abreise war für drei Monate später geplant. Mich interessierte die Expedition mehr als die Verlobung.

Die Entscheidung fiel umso schwerer, als ich einen weiteren Heiratsantrag bekam. Er war belgischer Abgeordneter in Brüssel, der Jüngste im ganzen Parlament. Alle vierzehn Tage kam er in die Bretagne zu mir. Ich bat eine Freundin um Rat. Sie entschied sich für Strohhalme. Der Vietnamese gewann. Wir mussten schnell handeln.

Dort hinten ging der Krieg weiter. Erst Siam und anschließend *Cochinchine*[48]. Immer wieder Malraux! Ich willigte in die Heirat ein. Vielleicht hätten wir schöne Jahre verlebt, wenn sich meine romantischen Träume konkretisiert hätten. Ich habe ihm nie gestanden, dass ich die Wahl des Ehemannes vor allem wegen der Perspektive traf, die mich als Aktivistin an der Seite seines Volkes sah.

Louis, mein Ehemann, wurde von der halboffiziellen Regierungsmission ausgeschlossen, weil er gerade eine Kommunistin geheiratet hatte. Er kehrte in das Land seiner Kindheit nicht zurück und traf seine Mutter nicht, wohingegen ich Marseille wiederfand. Auf diese Weise vermieden wir, uns auf Seiten der französischen Kolonisten im ersten Vietnam-Krieg zu befinden, der mit der französischen Niederlage bei *Dien Bien Phu* endete. Einige Monate nach unserem Einzug in Marseille verließ ich diesen sanften, liebenden und künstlerischen Mann, blieb jedoch in Marseille.

48 AdÜ: Das ist die alte Bezeichnung für die französische Kolonie zwischen 1863 und 1954: den Süden Vietnams und Teile des östlichen Kambodschas

## Eine fast exemplarische Aktivistin

Die Föderation der Partei – *Die Fédé* – in meiner Sektion *Vauban-Viertel* im Departement *Bouches-du-Rhône* vertraute mir *die Studenten* an, ließ mich an der Propaganda teilhaben und Frankreich-UDSSR betreuen. Auf dem Kataster Marseilles war es eine Zone, die von der Spitze mit der Kirche *Notre-Dame-de-la-Garde* nach unten bis hin zum Alten Hafen ging, ein soziologisch diversifizierter Bereich aus Stadtteilen, die nicht miteinander kommunizierten. In *Vauban* wenige Arbeiter, kleine Angestellte, einige bescheidene Handwerker, Liebhaber vom *Boule*-Spiel und vom *Pastis*. Typische Häuser, die nicht höher als zwei Stockwerke sind und auf die von oben auf dem Gipfel der Hügel die in den Pinien verborgenen Besitztümer herabschauen, während von unten das Dorf *Sylvabelle* hochschaut, das später mein Viertel wurde, als ich den Sohn eines Medizinprofessors heiratete, der Nachbar eines Rechtsprofessors war und so weiter, von Stadtpalais zu Stadtpalais.

Im Dorf gab es eine kommunistische Zelle. Sie versammelte sich im Salon und unter der pedantischen Aufsicht des Doktors G., ein kleiner Kreis von Ärzten, Biologen, Anwälten, Historikern, Industriellen und … seinem Proletarier: *Attilio*. Er hatte Neapel vor ungefähr vier Jahrzehnten verlassen. Er erinnerte sich nur noch *auf den Postkarten* daran. Man umsorgte ihn liebevoll wie einen seltenen und daher kostbaren Gegenstand. Mit der Fürsorge des Vaters und dem Stolz, die Erziehungsaufgabe erfüllt zu haben, flickten wir an mehreren Abenden unseren Artikel für die Sektionszeitung zusammen, den er dann unterzeichnete.

Das Gesetz *Marte Richard*, das die Bordelle abschaffte, war soeben unterschrieben worden. Aus diesem Grund wuchs der Bestand an leerstehenden Gebäuden deutlich. Die KP praktizierte gerade die Politik der *ausgestreckten Hand*, mit der sie hoffte, einige Wähler der *Republikanischen Volksbewegung* (*MRP*) abzuwerben, die bei der Befreiung von Widerstandskämpfern (und nicht den geringsten) gegründet wurde, die der herrschenden Religion verbunden waren.

Die katholischen Studenten waren dafür, sich wieder gemeinsam in der *Allgemeinen Studentenvereinigung* zu engagieren, die in der Tat von einem Priester und einigen Freunden eines Widerstandskämpfers geleitet wurde, der als Chef des Milieus galt. *Antoine*, „Pate" der Familie *Guérini*, die Marseilles Pflaster noch viele Jahre lang beherrschte, bevor einige Vergeltungsakte andere Kanaillen an die Spitze der *verbotenen Gesellschaft* der Stadt brachten. Man sprach noch nicht von *Mafia*.

Die Bordelle in Studentenwohnheime umzuwandeln sollte unseren Gegnern einen hinterlistigen Schlag versetzen, weil er einen ihrer Broterwerbe abschaffte. Mit dem Verantwortlichen der *Katholischen Studentenjugend* (*JEC*) besichtigten wir gemeinsam die von den Damen verlassenen Örtlichkeiten, die sich nun auf die Bürgersteige im Opernviertel gestellt hatten, ohne ihre Zuhälter, die *Guérini*, zu verlassen. Verblüfft und enttäuscht realisierten wir, dass sich die Salons und Boudoirs mit ihrem Stuck, ihren Spiegeln und verspiegelten Spionier-Scheiben aus den Romanen von *Aragon* und anderen nicht mit dem Schlag eines Zauberstabs in Zimmer für eifrige, brave Studenten transformieren ließen. Die Partei insistierte. Mit den „Katholen" das Unternehmen Uni-Wohnheim in den requirierten Häusern der Ausschweifung zu schaffen würde einen schönen Titel für die Zeitung *Rouge Midi*[49] ergeben und vor allem den *Guérini*-Clan in Schwierigkeiten bringen, was die Sozis heftig ärgern würde.[50] Wir scheiterten.

1947 bewohnte ich eine Hütte, die zu einer Zimmer-Küche im Garten von *Mademoiselle Gracieuse*, der Besitzerin,

49 AdÜ: Roter Süden

50 AdÜ: Der sozialistische Bürgermeister Gaston Defferre war eng mit dem Clan verbunden.

hergerichtet worden war. Trotz ihres ansprechenden Vornamens hatte dieses alte Fräulein nichts Süßes. Geplagt von all diesen Männern, die zu mir kamen, aber auch von meinem Fahrrad, das an dem Tag unseres endgültigen Bruches eine verblühte Tulpe nicht respektiert hatte, warf sie mich raus. Die B., Poupou und Clicli, ein Paar kommunistischer *Bourgeois*, deren offenes Portemonnaie sie im Haus des Volkes sehr populär machte, schlugen mir vor, die Wohnung zu nehmen, die einer ihrer Söhne gerade verlassen hatte.

Der Verantwortliche für Führungskräfte, der über meinen Umzug informiert war und vermutlich auch über meine Vergangenheit als U-Boot warf sein Auge auf mich für eine Mission, die mich noch immer erröten lässt. Er beglückte mich mit einer Rede über die Ehrenhaftigkeit der Arbeiterklasse und die niederträchtigen Machenschaften der *Kompradoren-Bourgeoisie*[51]. Misstrauen sei angesagt all denen gegenüber, die sich im *zivilen* Leben von der proletarischen Ehrhaftigkeit entfernten. Ein einziges räudiges Schaf, und die Herde könnte dezimiert werden. Die B. müssten überwacht werden. Ich versuchte zu verstehen, ob ihre Laster nicht von ihrem Nonkonformismus kamen. Beim Warten auf den neuen Menschen, der brüderlich und nachsichtig werde, zog die KP vor, dass ihre Anhänger weder exzentrisch, noch fanatisch einer anderen kulturellen oder sportlichen Aktivität nachgingen als den von ihr kontrollierten. Absolute Regel: nicht auffallen. Poupou trug einen Bart, rauchte eine Havanna, schmückte sein Haupt mit einer bretonischen Matrosenmütze und hatte manchmal einen roten Künstlerschal um den Hals. Clicli ging oft zum Friseur, ihre Handpflege war tadellos, ihre Pelze elegant. Als Musikliebhaberin von Geburt an war sie Opern-Abonnentin. Sie war Jüdin. Ihr ungarischer Vater war vor den Pogromen geflohen und im philharmonischen Orchester von London Cellist geworden.

---

51 AdÜ: Imperialistische Handelskapitalisten für ausländische Geschäfte (Begriff von Nicos Poulantzas)

Die B. wohnten mit ihrem Sohn Pierre, auch er Mitglied der Partei, in einer schönen, modernen Villa des oberen *Perrier*, einem der schicken Stadtviertel. Ihr anderer Sohn leitete ein bekanntes Restaurant. Und was machte Poupou? Geschäfte! Er importierte Bananen, und durch die Vermittlung seines Sohnes Pierre hatte er was mit den Deutschen. Die Partei wollte wissen, mit wem er Umgang hatte, und was er mit den von den Amis wiederbewaffneten Revanchisten ausheckte. Ich sollte das Import-Export-Geschäft näher untersuchen. Das große Leben mit den B. in ihrem schönen Haus führen, wo ihre Komplizen für gastronomisch-verschwörerische Festessen aufmarschierten. Bestimmte Kommunisten, die zu sehr die Feste mochten, akzeptierten ihre Einladungen. Der Kader wusste davon. Er war überzeugt, dass es sich um Freunde von *Pastor und Co!* handelte – *Sag mir, mit wem du verkehrst, ich sage dir, wer du bist.*

Der Zweifel in meiner Miene überraschte den Verantwortlichen für Führungskräfte schmerzvoll. Er nahm meine Unwissenheit in Angriff. Ich erfuhr so alles über den Verräter. Nicht genug, dass er die Partei in einem entscheidenden Wendepunkt ihrer Geschichte im Stich gelassen hatte, wurde Poupou mit dem Pseudonym *Pastor* unter dem Deckmantel des Widerstandskämpfers ein Gestapo-Agent. Seine Unterwanderung ginge immer noch weiter.

Ich erfuhr ungefähr ein Jahrzehnt später erst die wirkliche Biographie des angeblichen *Verräters*. Mit anderen Marseiller Kommunisten zusammen, darunter der frühere Bürgermeister *Cristofol*, war er eines der Rädchen von *France-Navigation*, einer Charter-Gesellschaft, die für den Transport von Lebensmitteln und Waffen zu den spanischen Republikanern gegen Franco gegründet worden war. Da er den deutsch-sowjetischen Pakt missbilligte, war er mit lautem Krach aus der Partei ausgetreten, für die er inmitten der Marseiller Föderation ein verantwortlicher und bis dahin geachteter oder besser gesagt geliebter und verantwortlicher Aktivist gewesen war.

Er blieb Kommunist, aber nicht mehr in der Kirche, sondern hatte in den Reihen der sozialistischen Organisation an der Résistance teilgenommen. Absoluter Renegat! Der Kader war überzeugt, dass die Tischgäste der B., die nicht unbedingt *Pastor* gekannt hatten, ohne ihr Wissen von den Seinen manipuliert werden könnten. Ohne es mitzubekommen beteiligten sie sich an der Vorbereitung des dritten Weltkriegs. Um zum Schluss zu kommen, Genosse, *der patriotische Kampf geht unter anderer Form weiter*.

Die psychologischen Triebfedern des Engagements blieben die der Résistance: blinder Gehorsam, unerschütterliche Hingabe. Obwohl seit 1943 meine Zukunft als Intelligenzler der Partei an meiner Weigerung zerschellt war, die Texte mit dem Slogan der *FTP* anzureichern, den mein Verantwortlicher von mir verlangte: *Jedem seinen Scheiß-Deutschen*, gab ich zu, dass es 1947 eine Gefahr für den Frieden sei, mit Deutschland Handel zu treiben.

Wie konnte ich diese ebenso idiotischen wie niederträchtigen Reden akzeptieren, wie konnte ich ohne einen Ausbruch von heilsamer Klarheit dieses infame Wesen werden: Denunziant? Dürftige Entschuldigung: Ich war noch in der Initiation. Ratlos wie die meisten aus der Generation der Résistance zog mich die Abspaltung an. Aber das schloss nicht aus, sondern verstärkte im Gegenteil einen masochistischen Drang, in der Partei aufzugehen. Ich befand mich in Marseille wieder so wie in der Untergrundzeit.

Ich hatte meinen Mann nach einigen Wochen gemeinsamen Lebens verlassen. Ich hatte diesen sanften, liebenden, künstlerischen Mann in der Résistance kennengelernt. Er war der brüderliche Unterstützer gewesen, den ich gebraucht hatte, als mir der Tod Rolands, meines Geliebten, bestätigt wurde. Aber mit ihm war ich allein. Ich lebte neben ihm, doch nicht mit ihm. Er war kein Kommunist!

Ich ging ohne Überzeugung zur Uni. Meine einzigen Freunde waren Parteimitglieder. Meine einzigen Freuden waren *aktivistisch*. Auch wenn der Glaube immer wankender wurde, klammerte ich mich am letzten Zipfel meiner Verehrung für die Partei fest. Ich gehorchte also.

Ich musste den Sohn bezaubern, um dem Vater näher zu kommen. Bald war ich in der Zitadelle B. installiert. Niemand sprach dort Deutsch. Clicli kochte nur für die Ihren, eine einige, überschwängliche und tolerante Familie. Poupou erzählte geistvoll von seinen Heldentaten als junger Kohlenhändler und Analphabet, der nach dem Ersten Weltkrieg zu Fuß in der Hauptstadt ankam. Er brauchte vier Jahre, um vom französischen Alphabet bis zur englischen Literatur zu gelangen. Seine Schnitzer als Kellner in dem Londoner Pub, wo er Cliclis Bruder, das Glück und die Liebe traf, ließen ihn in schallendes Gelächter ausbrechen und uns mit ihm. Ich erfuhr alles über die speziellen Bananenschiffe, auf denen die Früchte reiften. Wenn Pierre eine Ladung an einen Deutschen, Franzosen oder Belgier verkauft hatte, holte Clicli das Porzellan aus Limoges und die Kristallgläser von Baccarat hervor, und wir feierten ein Familienfest. Pierre setzte sich ans Klavier, Clicli sang etwas aus der Traviata, Claude lehrte mich Judogriffe, seine Frau Jeannine verkleidete sich als ‚Tussi', ihr kleiner Junge kam, um zu sehen, was los war, und Poupou nickte wohlwollend mit dem Kopf.

Der Kader ließ nicht locker. Da drunter gab es Schwarzhandel, eine hinterhältige Unterwanderung durch die Totengräber der Revolution. Als er unterstellte, dass die Tatsache, dass er Nachbar der Direktion der territorialen Überwachung (DST) war, gewisslich kein Zufall, sondern der unwiderlegbare Beweis der gemeinsamen Sache zwischen den B. und den Bullen sei, implodierte endlich meine unergründliche Dummheit. Mein Schuldbewusstsein schnürte mir die Kehle zu. Ich stürzte zum Hafen in den kleinen Laden für Import und Export von B.

Mein von Schluchzern zerhackter Bericht schien Poupou weder zu überraschen, noch zu empören. Er bot mir einen Imbiss in seinem Hafenarbeiter-Bistrot an, schickte mich zur Uni und bestellte mich zum Abendessen am selben Abend unter vier Augen. Seine Erzählung schlug vor meiner Unwissenheit Seiten aus der Geschichte der KP auf. Er sprach mit mir über *France-Navigation.* Er erzählte mir von den Waffenladungen für Spanien, Handelsverkehr, der von denen gedeckt wurde, die wie er legal mit Devisen umgehen durften. Da er nicht verstand, warum sich die *Fédé* für ihn interessierte, befürchtete er, dass es von ganz oben ausging. Er fragte sich, ob die Schatzmeister der Partei beschlossen hatten, alle jene zu entfernen, die direkt oder indirekt an diesen Transaktionen beteiligt waren. Die Reisen seines Sohnes Pierre nach Deutschland, die Begrüßungen, die wir mit den benachbarten DST-Mitgliedern austauschten, konnten nach Poupous Meinung ausreichen, um *ihren* Wahn auszulösen, auf jeden Fall ihn zu nähren. Es war noch nicht der Kalte Krieg, aber der Nordwind blies schon. Die USA hatten seit November 1946 ihre Absicht erklärt, sich an Deutschlands Wiederaufbau zu beteiligen. Die UDSSR war dabei, wieder die *Festung des Sozialismus* zu werden, die wie 1920 von allen Seiten belagert wird. Jeder Kommunist, wo er auch sei, was er auch mache, musste sie verteidigen. Die Bananen für die Deutschen waren das Vorspiel für die Maschinengewehre gegen unsere Genossen, unsere Führer. Die wahrscheinlichste Hypothese blieb jedoch der Wahn des Kaders. Die Paranoia findet Gefallen daran. Er wollte *dem französischen Festungsbaumeister Vauban gegen Moskau* seinen Prozess machen.

In der *Fédé* sprach niemand mit mir über meine Mission oder meine Ausflucht. Vielleicht wusste man von beidem nichts, weil der Kader das Privileg hatte, gegen die Regeln verstoßen zu dürfen. Ich wurde trotzdem ohne Erklärungen von der Liste der zur Kaderschule Zugelassenen gestrichen. Ein Glück!

1947 wurde ich von der Föderation der KP bestellt. Ich sollte Joseph Roger[52] kennenlernen. Ich begegnete Jo (noch war er *Kommandant Darcourt*, Held des Pariser Aufstands, der am 25. August 1944 zur Befreiung führte). Er sollte mich in meiner Rolle als Leiterin der kommunistischen Sektion an der Universität Aix-Marseille unterstützen. Er sagte mir von vornherein; dass ich nicht groß auf ihn rechnen könnte, weil er am nächsten Tag wieder seine alte Stelle antreten würde, die er vor 18 Monaten aufgegeben hatte: Klinikchef in der Neurologie vom Universitätskrankenhaus *La Timone*, dessen Chef sein Vater war. Eines Abends nach einer Arbeitssitzung der Aktivisten beschlossen wir eine kleine Flucht in die *Calanques* von Marseille, um uns näher kennen zu lernen. Man kann sich denken, was geschah.

Er hatte das *Ministerium der Alten Kameraden* seit einigen Wochen verlassen, bevor die Drei-Parteien-Regierung auseinanderbrach, die nach dem ersten Rücktritt De Gaulles gebildet worden war. Ich gestand ihm meine Fehler, meine Scham, nicht auf meinen Vater gehört zu haben, als er beunruhigt darüber war, dass *die Hälfte der Partei die andere Hälfte ausspionierte.* Wenn ich nicht verliebt gewesen wäre, wenn Jo kein Kommunist gewesen wäre, hätte ich mich wahrscheinlich vom Aktivismus entfernt, vielleicht wäre ich den B. gefolgt, die von der Banane zum Kakao übergingen, nachdem sie dafür gesorgt hatten, dass er in der Elfenbeinküste wuchs.

Jene, die ausgewählt wurden, um in den Massenorganisationen (wie die *Friedensbewegung* und *Frankreich-UDSSR*) zu agieren, die von und für die Partei geschaffen wurden, waren keine Theoretiker. Sie mussten sich in allen Milieus wohlfühlen, um diskret die Meinung der kleinen Leute über die lokalen, nationalen und internationalen politischen Ereignisse zu testen und die Propaganda-Abteilung (*SP*) der Partei darüber zu informieren, bevor diese das Thema ihrer nächsten

52 AdÜ: 1918-2012, Neuropsychiater, Schwerpunkt Epilepsie.

*Informations*-Kampagnen wählte, das die Aktivisten, die wie ich Mitglied der *SP* waren, in ihren Wortwechseln und Reden verbreiten sollten.

Marseille war unsere Stadt. Noch im Herbst 45, am Abend der Niederlage der Linken beim Referendum über die Verfassung, machte ein – wie alle Korsen redegewandter – Genosse oben auf der Esplanade von *Notre-Dame-de-la-Garde*, wo unsere Clique jeden Abend die Welt neu erfand, eine weite Armbewegung über die großartige Bucht hinweg und deklamierte: *Die Stadt gehört noch immer uns*. Das war die Hauptsache. Überspanntheit des Glaubens.

Zwei Jahre später im Herbst 47 verlor *Cristofol* das Rathaus von Marseille. Die Straßenbahner streikten. Am ersten öffentlichen Sitzungstag des neuen Stadtrates etwa Mitte November standen vier Gewerkschafter vor Gericht – aus einem Grund, den ich vergessen habe, sofern ich ihn überhaupt jemals kannte. Die Verhandlung sollte den ganzen Tag dauern. Genossen wurden aufgerufen, vor dem Gericht genügend Lärm zu machen, um eine Justiz zu fordern, die ihren Namen verdient…

Jo, mein späterer Mann, war dort. Ich hingegen wurde für das Kommando auf der ersten Sitzung des Stadtrates mobilisiert, die vom gewählten Bürgermeister Carlini geleitet wurde. Das Vorbereitungstreffen fand im Raum einer der Beigeordneten Cristofols im Rathaus statt. Ich erkannte dort den Mann wieder, der mir ein Bett in *Lamastre* gegeben hatte: Jacques de Sugny, alias Loyola. Die Maßgabe war: Obstruktion um jeden Preis. Ich habe vergessen, welche Beleidigungen ich schreien musste, unisono mit den anderen im Saal verteilten Kommunisten. Die Demonstranten aus verschiedenen Stadtteilen kamen am Alten Hafen zusammen, und am Kai gegenüber vom Rathaus schrien sie Parolen, die Carlinis Rücktritt forderten, dem gewählten Bürgermeister von der gaullistischen Partei, der *Sammlungsbewegung für Frankreich* (*RPF*). Schlägereien waren zu erwarten, auch im Verhandlungssaal selbst. Wenn sie sich gegen uns richten sollten, könnten wir die gläsernen Tintenfässer, die auf jedem Tisch standen, in Richtung Podest schleudern, aber dabei vermeiden, jemanden zu verletzen.

Gemäß den Anweisungen kamen wir nacheinander ziemlich zeitig an, um den Raum zu besetzen. In dem monumentalen Treppenaufgang waren wenig einladende und unerwartete Männer. Man murmelte: *Die Schläger von Carlini.* Einige waren schon im Beratungssaal versammelt. Einer von ihnen schien mich zu kennen. Ich fragte mich, ob es nicht einer der Guérini-Brüder war, auch wenn das merkwürdig scheinen konnte, außer er wäre vom Leibwächter der Sozialistischen Partei zum Mitglied des künftigen RPF geworden. Der Anfang des Streits ging von ihnen aus. Es gab Schläge. Unser Trupp schaffte es, die Fenster zu öffnen. Cristofol konnte sich auf dem Balkon zeigen, wo er mit einem phänomenalen *Hurra!* begrüßt wurde. Während des Durcheinanders blockierten die Männer von Carlini die Rathaus-Türen. Sie gaben dem Druck unserer Leute nach – im Zusammenspiele mit der Schlaffheit der republikanischen Sicherheitskräfte, den künftigen CRS, denn unter ihnen waren viele ehemalige Widerstandskämpfer. Die Straße gehörte uns.

Ich schwor mir, dass ich nie den Namen des jungen Mannes vergessen wollte, den im heißen Opernviertel, das wir von der Mafia *säuberten*, eine Salve umbrachte, und trotzdem ist er aus meiner Ruhmeshalle verschwunden.

Es war eine Art gehässiger Jubel, mit anzusehen und zu hören wie auf unseren bourgeoisen Avenuen eilig hin und her gerannt und darüber diskutiert wurde, wie man am besten aus der Stadt kam, um dem roten Terror zu entgehen. Das waren die *aufständischen* Streiks vom November 1947.

Für meine Arbeit als *Redner* hatte ich zwei Komplizen, Antoine und Kevan. Der erste war ein Aktivist der alten Garde, der über alle reden konnte, die in der *Fédé* seit Generationen einen Namen hatten. Vor einem schweren Unfall war er Taxifahrer. Jetzt ging er mit einem Arm flink seiner Frau zur Hand, einer Hausmeisterin in einem eleganten Stadthaus in der *Rue Paradis*, spielte recht und schlecht Boule, nervte Sardinen, polierte sein Boot und ... kämpfte aktiv. Sein Name war immer gut platziert auf der Liste der Freiwilligen für die abendlichen Aufgaben im Volkshaus. Er begleitete mich, wenn ich allein dafür bestimmt war, eine Versammlung im Departement zu betreuen. Wir fuhren gerade an *Arles* vorbei, als er ohne Umschweife sich fragte:

*Warum bin ich gern mit dir zusammen? Du bist die einzige, die abblendet, wenn ein Radfahrer entgegenkommt, alle anderen kümmern sich einen Scheißdreck um die Kleinen! Das sind keine Wahren.*

Er kam von einer Reise nach Moskau. Sein kindliches Staunen vor dem Weihnachtsbaum war umwerfend.

*Hast du Kaviar gegessen? Die da essen ihn mittags. Ich würde nicht sagen, dass er gut ist, wie unsere Tapenade*[53] *ist er, aber nicht derselbe Geschmack.*

Er hatte mir welchen mitgebracht, damit ich urteilte. Ich wagte nicht, ihm zu gestehen, dass es meine bevorzugte Leckerei war.

*Ist dir klar, dass sie immer Decken auf den Tisch legen, selbst zum Frühstück? Wie soll ich dir die Metro erklären, die ist wirklich schön, überall sind Kronleuchter.*

53 AdÜ : Olivenpaste

Er hatte Frauen bei der Straßenarbeit gesehen. Ich sollte begreifen, dass durch die Millionen Toten Frauen solche Jobs machen mussten. *Was den Wodka betrifft, forcieren sie vielleicht zu sehr, aber man muss die Kälte bekämpfen. Die Hotels, Paläste für das Volk.* Er hatte die Werkstatt in einer Fabrik besichtigt, auch dort gab es viele Frauen, alle kokett. Sie hatten den Besuchern Blumen geschenkt, er hatte seinen Strauß der Übersetzerin gegeben.

*Sie sprach ein einwandfreies Französisch mit dir. Sie kennt Wörter, die ich noch nie gehört habe. Du begreifst sofort das Unterrichtsniveau.*

Drei Tage lang war Antoine auf dem Königsweg in die strahlende Zukunft der Menschheit gelaufen. Ist er eines Tages von seiner Wolke heruntergestiegen?

Kevan hingegen war nicht *der* Begeisterte in der Krippe Stalins. Seine kommunikative Heiterkeit bewirkte auf den Meetings Wunder. Klein, rundlich, hatte er einschmeichelnde Bewegungen wie ein scheinheiliges Ungeheuer, das bezaubernd säuselt *ihr Kinderlein kommt zu mir*. Als er seinen Status als Pilger im Glauben aufgab, wurde er der lustigste aller Kumpel. In einer winzigen Werkstatt stellte er Schuhe her. Seinen Namen hatte er französisiert, damit es seriöser wirkte.

Unsere Kampagne im Jahre 1950 zum Thema der Rückkehr der Armenier war erfolgreich. Zum Beweis: Sechs Jahre später verfolgte mich in der Halle der Moskauer Universität *Lermontow* ein junger Mann, dessen Gestikulieren und Marseiller Akzent mich erfreuten, bevor ich noch seine Beschimpfungen erfasste.

*Du treibst dich hier rum. Sie haben dich eingeladen, um dir Dank zu sagen. Du bist also hier zu uns gekommen! Und der Fette macht weiter. Da hinten fährst du im Auto spazieren, sonntags gehst du an den Strand. Und wir, weißt du, was wir tun, wir verrecken, wir bringen uns um.*

Während seiner ganzen Tiraden, die ich so wiedergebe, wie ich sie erinnere, konnte ich kein Wort dazwischen setzen. Ich verstand, dass Michel unserem Märchen geglaubt hatte. Das sowjetische Armenien, ein Eden auf der Erde eurer Vorfahren. Er hatte sich auf dem Boot unseres Sieges eingeschifft.

Kevan hatte nicht nur Schuhe verkauft, mit meiner Hilfe war er auf die Märkte gegangen, um den naiven Kunden Mogelpackungen anzudrehen. Kevan hatte einen kurzen Besuch im Land seiner Vorfahren gemacht. Er war von dort zurückgekehrt übervoll mit wunderbaren Eindrücken, die er mit seinem Predigertalent und unterstützenden Gesten weitergab. *„Ich komme von zuhause. Die Mädchen sind schön* – die Hände zeichneten einen gut gefüllten Busen –, *die Frauen gute Gattinnen, gute Mütter* – mit dem Arm umfasste er einen imaginären Hintern und danach einen vorstehenden Bauch. Er sprach auch von den Obstauslagen, den Schaf-Märkten, den Gesängen, von der Freude, der reinen Luft, den Kulturpalästen.

1965 gestand Kevan mir verlegen, dass er wirklich von diesem Paradies erleuchtet worden war, trotz der klugen Warnungen seiner Vettern, die versucht hatten, ihm die Augen zu öffnen. Er war nicht für die Wirklichkeit bereit gewesen.

## Desillusionierte Aktivistin

An der ideologischen und der kulturellen Front war die *Schdanowschtschina*[54], diese Gedankenverirrung, die den Klassenkampf zum Maßstab für die Wissenschaft machte, im Begriff, sich in der kommunistischen Partei Frankreichs durchzusetzen. Zu der Zeit veröffentlichten *Les Lettres françaises*, unter Leitung von *Aragon* mit Unterstützung eines anderen Schriftstellers, *Pierre Daix*, einen heftigen Artikel gegen *Gide*: *„Päderast, Faschist, ...“* Er hatte den Nobelpreis erhalten. Malraux wurde auch schlecht angesehen, ebenso wie Miller, *„ein Pornograph“*. Von letzterem hatte ich noch nichts gelesen, aber Gide und Malraux, zweifelhaft. Sich nicht gehen lassen – also beschloss ich, dass ich in Ermangelung von Kultur nicht geeignet sei, diese literarischen Schlachten zu verstehen.

*Tito über Bord geworfen, da schwieg man und behielt die Bewunderung für diesen Helden für sich. Bald sollte es Prag werden und an* der Reihe von *Slansky* und den anderen sein, hingerichtet zu werden. *Rajk* war schon in Budapest gehängt worden. In Frankreich bereitete man die Prozesse gegen *Tillon* vor, den ehemaligen nationalen Führer der FTP, der ohne Direktiven der Partei selbst auch einen Aufruf zum Juni 1940 gemacht hatte, und gegen *Marty*, den anderen Rebellen vom Schwarzen Meer. Tillon war einer der Begründer der *Bewegung für den Frieden* und ihr Präsident. Er trat zurück. Unruhe auf nationaler Ebene, die aber nur kleine Wellen auf lokalem Niveau hinterließ. Tillon war Bretone, er hatte Streiks von Fischern in *Douarnenez* organisiert, wo Freunde meiner Eltern ihn kennen lernten; er hatte Raymonde Nédelec geheiratet, eine Genossin aus Marseille, ehemalige Deportierte; so viele Informationen, die mich hinderten, im Chor der eifrigen Ankläger mitzusingen. Wir lasen, Jo und ich. Wir wagten gar *Ich habe die Freiheit gewählt* von Wiktor Krawtchenko zu lesen,

54 AdÜ: Nach dem Bolschewisten und Stalinisten Schdanow mit seiner Zwei-Lager-Theorie

diesem Ehemaligen aus der sowjetischen Nomenklatura. Wir hatten den *Esprit* und die *Temps Modernes* abonniert. Es gab die Enthüllung der russischen Konzentrationslager. Wir akzeptierten nicht, dass David Rousset ein Agent der Amerikaner sei. Er deckte die Folgen des Krieges auf. Und die Säuberungen 1936? Propaganda, die Zahlen sind aufgebauscht. Verräter gibt es immer und überall. Das ist unmöglich, sonst gäbe es keinen einzigen Kommunisten mehr in der UDSSR.

Der Schwung war noch zu überschwänglich, als dass sich die Distanzierung konkretisieren konnte.

Und dann die vielen an einem Abend gesammelten Unterschriften für den *Appell von Stockholm* zu zählen, zur Propaganda-Abteilung zu gehören, die Dorfbewohner zu mobilisieren, dass sie sich gegen die *Knechte des Imperialismus* und die Clique der *trotzkistischen Renegaten* in Bewegung setzen – und dabei in seiner Arbeit effektiv zu sein sowie exemplarisch in seinem Leben, wie ein Kommunist zu sein hat, das hilft einem keineswegs dazu, autonom zu denken. Atemberaubender Aktivismus. Niemals verschiebt man auf morgen, eine Rede zu halten oder das Treffen der Zelle vorzubereiten. Das Nachdenken verschiebt man auf später. Um zu überleben, protestiert man gelegentlich, billigt man nicht immer, dass *der Zweck die Mittel heiligt*, manchmal lehnt man sogar ab, Anordnungen zu befolgen. Schnell vergessene kleine Momente von Phantasie. Es ist viel über die Preisgabe der Intellektuellen an die revolutionären Fiktionen der kommunistischen Partei geschrieben worden. Für viele war, so meint Morin, das gegenseitige Überbieten dem Ausmaß des Schuldbewusstseins entsprechend. Die meisten waren in einem *bourgeoisen* Milieu aufgewachsen, sie entschuldigten sich dafür, indem sie die Stimme hoben. Ich hatte das Glück, nicht dieser Verpflichtung zu unterliegen, meine soziale Herkunft befreite mich davon.

Als *Basis*-Aktivistin und Mitglied der Propaganda-Abteilung war meine Pflicht, den Unsinn zu wiederholen, der

Männer und Frauen von der Richtigkeit des *kommunistischen Denkens* in den Analysen unserer brillanten Intellektuellen überzeugen sollte. Auf diese Weise musste ich die Massen überreden, dass das Autobahnprojekt an der Lagune von *Berre* eine strategische Autobahn kaschierte: Eine Strecke, die von den Amis gewollt wurde, um ihre Militärtransporte zu erleichtern, wenn sie bei uns massenhaft landen, bevor sie die Sowjetunion angreifen würden. Wer hätte das gedacht! Man konnte das Argument übergehen, ohne zu viel von dem Merkzettel wegzulassen, den uns der Verantwortliche vor jeder Tour übergab.

Ich drang nicht tiefer in das Labyrinth der *proletarischen Wissenschaft* ein. Es ist wahr, dass die Heftigkeit der Polemik zwischen der mit einem Stempel versehenen Wissenschaft der Wissenschaftsakademie der Sowjetunion und ihrer Adepten und der lächerlichen bürgerlichen Wissenschaft und ihrer geistig zurückgebliebenen Anhänger schwächer wurde, als die Neurophysiologie an die Reihe kam. Dass Stalin ein großer Stratege war, vielleicht, aber ein großer Mathematiker, ein unvergleichlicher Biologe, nein. In Marseille schien das eine Übertreibung. Wir strengten uns an, den Diskussionen in *La Nouvelle Critique* zu folgen. Beeindruckt von den Unterschriften, aber den Argumenten gegenüber eher skeptisch, hätte ich gern den riesigen Weizenähren von Trofim Denissowitsch Lyssenko geglaubt. Um über die Fundamente und Ziele der Wissenschaft als Kommunisten zu diskutieren – glückselig dem guten Wort zu lauschen –, begaben wir, Jo und ich, uns zu einer Versammlung in der *Salle Wagram* in Paris.

Ehrlich gesagt sind meine Erinnerungen an die Debatte schwach, die – welch eine Überraschung – sich verfestigte. Wie überall war die Lebhaftigkeit des Austauschs auf den Fluren. Ich lernte dort meinen lieben Henri Lefebvre kennen, den Philosophen. Er schien mir der Intelligenteste, auch wenn, wie ich gestehen muss, ich nicht alles verstand, was er sagte.

Die Konditionierungstheorie von Iwan Pawlov wurde zur einzigen Theorie der Hirnfunktionen.

Bikow, ein hochdekorierter und seniler alter Herr, den ich kennengelernt habe, war der einzige Neurophysiologe, der wert war, angehört und verehrt zu werden. Stalin behauptete das. Die Ad-hoc-Kommission ermunterte mich, an einem Gegenunterricht in Neurophysiologie teilzunehmen, um die Studenten vor den subjektiven Theorien zu warnen, die in unseren Fakultäten gültig waren. Ich wich aus, indem ich angab, dass meine bürgerlichen Kenntnisse mir nicht möglich machten, mich über die bedingten Reflexe auszulassen. Trotz Androhung eines Tadels auf höchstem Niveau blieb ich unnachgiebig. Die Kritikfähigkeit begann, sich aus ihrer Erstarrung zu lösen. Die Angst vor Lächerlichkeit zeigte ihre Nasenspitze.

Die Schriften von Pawlow waren ins Italienische übersetzt. Ich konnte sie in der Bibliothek des Instituts für Neurophysiologie in Pisa lesen, wo ich 1954 ein Praktikum machte. Ich tat mich für eine Gegenüberstellung von Palowismus und Behaviorismus, die mich interessierte, mit meinem Lehrer Henri Gastaut zusammen, der im Juni 1956 in Marseille das erste internationale Kolloquium über die bedingten Reflexe organisierte. Bikow, Smirnow und andere sowjetische Wissenschaftler waren anwesend. Sie trafen in Marseille auf die bürgerliche Wissenschaft und luden mich nach Moskau ein, wohingegen ich gerade die Partei verlassen hatte.

Die Fédé von Marseille mobilisierte ihre Intellektuellen für die Verteidigung der proletarischen Malerei, deren hoher Priester Fougeron war. Am besten und bequemsten sei es, wenn unsere Gruppe ein Werk im Fougeron-Stil, wie Picasso ihn genannt habe, finanzierte. Nach Diskussion und Zustimmung der Fédé, die sich zur Vorlage beim Zentralkomitee auf Schdanow berufen musste, bestellten wir bei einem unserer besten Künstler ein Fresko, das für das Gewerkschaftshaus bestimmt war. Als argwöhnische Mäzene achteten wir diskret darauf, dass die kleinen Schoppen vom Weißen nicht an die

Stelle der Tuben mit Farbe traten. Das Lieferdatum unserer *Docker im Kampf* war weit überschritten, als wir uns zu einem Überraschungsbesuch im Atelier entschlossen. Sehr schön. Ein riesiger Christ mit einer funkelnden Krone aus Weißdorn, ein Flammenmeer, der Himmel Indigo. Unser Funktionär war konvertiert. Er hatte sich in eine andere Kirche geflüchtet, die des *Christus von Montfavet*, eine lokale Sekte.

Wir waren Nachbarinnen, Freundinnen, Mariette und ich. Sie war unbeugsam, eine Korsin. Sie tauchte plötzlich in meinem Büro auf und legte einen Strauß Veilchen auf den Tisch. *Ich habe zwei genommen.* In der Fédé war wenige Schritte von uns entfernt ein Eintragungsbuch für die Trauerbekundungen hingelegt worden. Stalin, unser Vater, unser Führer, war tot. Mariettes Tränen waren nicht die von Krokodilen. Ich weigerte mich hinzugehen. Gewiss war Stalins Tod ein gravierendes Ereignis, aber mich persönlich betraf es nicht. Ich habe die Götzenverehrung nie verstanden, nachdem ich im Alter von sechs, sieben Jahren nach ein oder zwei Monaten Devotion für die Jungfrau von meinem Betstuhl gefallen bin, als der Küster seine Hand in meinen Schlüpfer steckte. Diese Aggression unter ihrem Mutterblick hat mich gegen jegliche Verehrung immunisiert. Mariette diskutierte nicht. Sie war verzweifelt, ich erwartete, dass sie mir sagen würde: *Ich werde für deine Seele beten.* Plötzlich fing sie sich und nahm mit heftiger Geste die Blumen wieder an sich. *Sie sind für ihn.* Ihr finsterer Blick funkelte vor Rache.

Die Kritik am Personenkult stand noch nicht auf der Tagesordnung.

Meine Desillusionierung erstreckte sich über drei Jahre und hatte schon vor Stalins Tod begonnen. Die *Affäre der Weißkittel*[55] war die übliche Vorgehensweise.

55 AdÜ : Angebliche Ärzte-Verschwörung 1952/53

Wir waren ungefähr fünfzehn Mediziner und Medizinstudenten, die einzeln von der *Fédé* vorgeladen wurden. Dank der *Humanité* wussten wir seit dem Vortag von der Existenz dieser *Monster mit menschlichem Antlitz*, die sich darauf vorbereiteten, Stalin und andere Mitglieder des Präsidiums der UdSSR umzubringen. Zur Ehre des Sekretärs der *Fédé* sei gesagt: er vergaß anzuzeigen, dass sechs dieser elf *Mörder* Juden waren. Ich verweigerte die Unterschrift unter diese Petition, die von *unseren Medizin-Genossen aus Paris* redigiert war und unsere Unterstützung für die Sowjetunion versicherte. Die Diskussion war lebhaft, der Patron verlor seine Selbstbeherrschung, es war ihm unangenehm, aber es gelang ihm, sie zu überreden. Ich verdächtige jedoch zwei oder drei Studenten, dass sie unterschrieben haben, um nicht zu spät zur Mensa zu kommen. Die beiden Widerspenstigen, Ti und ich, wurden von allen Leitungskadern der *Fédé* umringt, die im Gebäude waren. Das war ein regelrechtes Maschinengewehrfeuer. Der große Patron drohte uns mit dem Ausschluss, dann änderte er Ti gegenüber die Taktik. Er legte ihn rein, indem er ihn an seine Mutter erinnerte, eine exemplarische Aktivistin, die er überlegte anzurufen.

Ich blieb die letzte Verweigerin. Jo, mein Mann, war bei der Sitzung nicht anwesend, der Verantwortliche war sich sicher, dass ein so besonnener Genosse wie er mit geschlossenen Augen unterschreiben würde. Es kam anders. Um uns zu überzeugen, schickte man uns Unterzeichner aus Paris, darunter einen befreundeten Psychiater, der einige Monate später nach dem XX. Kongress der KP der UDSSR Selbstmord beging. Der Gynäkologe der Damen von den Führungskräften der Partei und zahlreiche Stars der Pariser Prominenz, Kommunisten ebenso wie Reaktionäre, riefen uns an. Ich denke, dass *Casanova*, der Verantwortliche für die kommunistischen Intellektuellen mit Jo in einem Ton sprach, den ich mir gut vorstellen kann.

Ich hatte es gewagt! Ich fühlte mich leicht.

Ich wurde an die *Basis* zurückgeschickt. Ich war nicht zu weit oben, als dass mich der Sturz verletzen konnte. Im Gegenteil hatte das Erdbeben meine Sinne wieder zurechtgerückt.

Ich glaube nicht, dass Chruschtschows Bericht für uns eine Katastrophe war.

## Volksdemokratie in der Deutschen Demokratischen Republik

Es gab auch Leipzig. Das muss im November 1954 gewesen sein. Zum ersten Mal waren die *Westler* zu einem wissenschaftlichen Kongress hinter dem Eisernen Vorhang geladen worden. Da wir aus den *formellen Demokratien* kamen, waren wir mit Bedacht ausgewählt worden. Ich erinnere mich nicht mehr an den Namen des Engländers, es gab auch eine Schwedin und einen Schweizer, der mit dem Franzosen Laurent Casanova, einem ehemaligen Anhänger der Zwei-Lager-Theorie von *Schdanow*, befreundet war. Wir waren fünf Franzosen, alles Konformisten. Die Reise fand mit dem Zug statt. In Frankfurt kümmerte sich der Schweizer – selbstverständlich – um die Devisen. Er hatte sich informiert und war überzeugt, dass unser Aufenthalt durch den Besitz von West-Mark verbessert würde. Als Leser der *verkommenen* Presse waren wir nicht völlig unwissend über das demokratische Arbeiterparadies.

An der Grenze zwischen den beiden Deutschlands wechselten Zug, Lokomotive und Waggon. Das Überschreiten der Grenze fand nach der Zoll- und der Polizeikontrolle statt. Die Holzbaracken waren ungeheizt. Der Warteraum hatte mehr von einem Schweinestall als von einem Salon. Endlich waren wir zufrieden, dass sich unsere Füße, wenn auch erfroren, auf den Boden des sozialistischen Vaterlandes stellen durften. Ich übertreibe. All unsere geflüsterten Bemerkungen verrieten unsere Ressentiments gegen die Deutschen, mochten sie sogar rot sein. Von ihrer Seite aus waren sie auch nicht besonders freundschaftlich. Die Bullen trugen graugrüne Uniformen. Dieselben wie damals bei uns! Als Gaches, ein Pariser Neurologe, lächelnd seine Mark zeigte, schickte uns das Hackenknallen einige Jahre zurück. Wir wurden buchstäblich in einen winzigen Raum ohne Sitzgelegenheiten geworfen. Wir hörten den Zug abfahren. Nach einer guten Stunde entschlossen wir uns zu einer Machtprobe. Lieder, Fußtritte gegen die

Wände, Getrappel. Ein Soldat gab uns zu verstehen, dass sie einen Dolmetscher suchten. Einer von uns, Michel Sapir, sprach Deutsch wie ein Einheimischer. Telefonanrufe mit dem gesamten bürokratischen Netz. Eine Stunde. Trotz der menschlichen Wärme waren wir erstarrt. Die Unruhe wuchs, als sie Michel mitnahmen, um ihn zur Kommandantur zu bringen. Durch unsere Luke konnten wir sehen, wie er sich entfernte, sein Mantel schleifte im Schnee, seine Schuhe knirschten auf dem gefrorenen Boden. Kein Baum. Kein Wohngebäude. Die Grenze, aber gefroren. Es war dunkel, wir hatten Hunger, als unser Freund Sapir erschöpft wiederkehrte.

Das Gesicht des dicken Feldgendarms hellte sich auf. Ohne zu zögern holte er jubilierend Flaschen aus einem wackeligen Wandschrank. *Russischer Champagner, Genossen!* … Wir wurden abgestempelt. Man ließ uns die verbotenen Mark. Ein Trupp einfacher Soldaten stellte die Koffer der *Hoch Genossen* auf die Holzbänke des reservierten Waggons. Die Unglücklichen, die dort einsteigen wollten, wurden auf wohl bekannte Weise zurückgestoßen.

Unser Spezialzug, der von der einzigen verfügbaren Lokomotive gezogen wurde, fuhr gegen zwei Uhr morgens ruckartig an. Wir hatten Frankfurt am Vorabend gegen 20 Uhr verlassen.

Leipzig sahen wir nicht. Unsere persönlichen *Dolmetscher* wichen uns keinen Fußbreit von der Seite. Es fehlte nur, dass sie auch mit uns schliefen.

Die Offenbarung geschah bei den wissenschaftlichen Gesprächen. Zum Verzweifeln. Der Redner begann mit einem Loblied auf die Partei, zitierte einige Namen von Apparatschiks, so dass der Saal immer wieder in Beifall ausbrach… und dann spulte er seine langweilige Rede ab. Die skandalöse Ansprache des Ehrengastes, eines großen Wissenschaftlers und, was wir bis dahin nicht gewusst hatten, großen Nazis, überraschte. Nach dem, was wir an jenem Tag hörten, hätten wir denjenigen zum Narren erklärt, der uns vorhergesagt hätte, dass Konrad Lorenz einige Jahre später den Nobelpreis erhalten würde. Wir kannten von ihm seine Theorien über die Gewalt, aber versüßt. Ich mochte den Typen, der mit seinen Graugänsen spielte. Wie alle applaudierte ich stehend, als er das Wort ergriff. Es wurde eine Hymne auf den teils primitivsten, teils subtileren Rassismus. Der Saal geriet lautstark in Ekstase. Dann verließ ein Zuhörer nach dem anderen das Auditorium. Alle von westlich der Oder, zwei oder drei Polen, ebenso viele Tschechen und Ungarn und zwei Russen trafen sich in der Halle. Wir bekamen keine Simultanübersetzung mehr. Bei jeder Applaus-Salve erbleichte der Schweizer ein wenig mehr, wenn er uns die Schändlichkeiten des Meisters übersetzte.

Es gab ein Abendessen. Ich saß mit einer Polin und einem Ungarn am Tisch, unsere Begleiter waren drei Ostdeutsche. Die Kollegin zog die Jacke aus. Scheinheilig und mit skeptischem Blick *übersetzte der Dolmetscher die Frage des deutschen Professors, der etwa fünfzig war. Er fragt sich, was auf dem Arm der Freundin markiert ist.* Wusste er nicht, tat ihm Leid. *Denken wir nicht mehr daran!* Mit strahlendem Gesicht schenkte er uns Wein nach. *Prosit!*

Schnell dieses Land verlassen!

Jo und ich waren nach Warschau und Prag eingeladen. Die Bullen waren allgegenwärtig, aber es gab Menschen… Sie waren brüderlich.

Ich habe das *Museum* von Auschwitz gesehen. Ich bin an den Baracken von Birkenau entlang gegangen.

Es war der längste, der essentielleste Tag meines Lebens neben dem, an dem ich an mein Herz die Urne gepresst habe, die die Asche meines Kindes enthielt.[56]

---

56 AdÜ: Annes Tochter Myriam starb mit 36 Jahren an Krebs.

Die Leidenschaft war erloschen, die Diskussionen zurückgekehrt. Es gab jene, die den Austritt priesen, und jene, die dachten, die Partei sei das einzige Manöverfeld. Wir wollten keinen bürokratischen Kommunismus mehr, blieben aber Kommunisten.

## Dissidenz

1956 verlangten Jo und ich – ebenso wie viele andere – nicht die Verlängerung unserer Mitgliedschaft in der KP. Sie wurde in unseren Briefkasten gelegt. Ein Vorgehen, das die Zweideutigkeit der Verantwortlichen offenbarte, die einerseits die Arbeit der *Demoralisierung* der Intellektuellen verurteilte, indem sie zum Exempel einige von ihnen ausschloss, andererseits aber versuchte, den Aderlass der Austritte zu stoppen oder dem Zentralkomitee gegen*über zu verschleiern, indem sie* vergaß, die Anzahl der Mitgliedsausweise anzuzeigen, die im Büro der *Fédé* unten in der Schublade liegen blieben.

Erst nach meiner Rückkehr aus der UDSSR engagierten wir uns bei den bekennenden Dissidenten.

Wir waren so niedergeschlagen über unsere Verblendung, dass die Verbundenheit in unserer Beziehung, die nachgelassen hatte, sich nun wieder verstärkte. Wir, die wir den Pressionen der KP auf die Intellektuellen in dem vergangenen Jahrzehnt weniger ausgesetzt waren als unsere Pariser Freunde, näherten uns ihnen wieder an. Sie kamen zu uns hereingeschneit, und wir führten wieder unsere Diskussionen über die Erneuerung der Welt. Nachdem das Korsett aufgeschnürt war, wurden alle Verrenkungen wieder leicht. Wesentliche Begegnungen, die verhinderten, dass wir untergingen, was anderen auf Grund eines Gefühls von Einsamkeit passierte, begleitet von Scham. Der kameradschaftlichen Wärme beraubt musste der verstümmelte Aktivist eine Reha-Maßnahme beginnen. Die Sitzungen fanden in der Hauptstadt statt.

Es geschah tatsächlich in Paris, wo wir unsere Freizeit auf lebhaften Versammlungen in behaglichen Wohnungen des 6. und 7. Bezirks verbrachten. In unserer Zone trafen wir jene, die es vor uns gewagt hatten, jene, die es nach uns taten, und die *Weggefährten*, die anfingen, sich in den Büschen zu verstecken. In diesem Überschwang an Thesen und Synthesen war meine Rolle auf die beschränkt, in der ich mich auszeichnete: die 3000 Adressen schreiben und auf Umschläge kleben, in denen subversive Texte steckten, die nach stürmischen, aber sympathischen Diskussionen redigiert worden waren. Ich teilte mir diese Aufgabe mit den anderen *Mädels*. Die Männer theoretisierten im Nachbarzimmer.

Mit Henri Lefebvre suchten wir nach *neuen Wegen*, um dahin zu gelangen, was der Sinn unseres Lebens war, unser Abenteuer, unser Traum: der Kommunismus. Zehn Jahre später hätten wir gesagt: *der Sozialismus mit menschlichem Antlitz.*

Den Winter 1958 verbrachte ich in Paris. Wir waren nicht nur am Philosophieren, sondern machten auch Ausflüge, organisierten Wochenenden auf dem Land und große Essen. So konstituierte sich eine Clique, die nachahmte, was jeder von uns in seinen jungen Jahren gekannt hatte. Wir trafen uns mindestens zweimal die Woche, Mittwochabend in einem Bar-Tabak in der *Rue de Rennes* und sonntags im *Rouquet* in der *Rue des Saint-Pères*, ein wenig am Rand des entscheidenden Vierecks *St-Sulpice, St-André-des-Arts, Raspail, Sèvres* gelegen. Wir gingen häufig in den *Vieux Colombier*, die *Pagode* und eine Disko in *Vavin*. Wir hörten Jacques Brel und Yves Montand. Der harte Kern, Henri und Hélène Rémond, Georges und Claude Kiejman, Evelyne Rey, Marceline Loridan und ich, setzte seine Suche nach den *gerechten Sachen* fort. Henri, der am stärksten nostalgisch, aber auch reflektiert war, arbeitete weiter mit Lefebvre an Themen des alltäglichen Lebens, im Falle dieses Winters waren das die Freizeitbeschäftigungen. Da er ein Fußballfan geworden war, ließen wir ihn auf seinem Feld allein. Hélène war schön, feurig und exzentrisch. Sie als einzige blieb noch im Kontakt mit ihren ehemaligen Genossen aus dem 13. Bezirk. Sie bewunderte Marty[57], den Helden aus dem Schwarzen Meer, der abtrünnig geworden war. Sie

57 AdÜ: André Marty war im April 1919 am Marineaufstand der französischen Flotte beteiligt, die daraufhin ihren Krieg gegen die Sowjetunion beenden musste. Er wurde führender Kommunist in Frankreich.

behauptete, ihn gelegentlich zu treffen, aber man musste ihr misstrauen wegen ihrer legendären Lügensucht. Hélène ist tot. Claude und Georges waren frisch verheiratet und sehr verliebt. Claude strahlte vor Intelligenz und Warmherzigkeit, war schon eine große Dame und wurde die Journalistin, die alle Liebhaber vom Sender *France Culture* kennen. Georges, dessen Intelligenz uns in den Bann zog, erzählte damals gern von seiner Herkunft aus dem Einwandererviertel *Belleville*, seiner jüdischen Kindheit und seiner Mutter, die durch ihre schlechte Kenntnis des Französischen isoliert war.

Unsere Beziehung zu Evelyne war lockerer. Wir gingen zusammen einkaufen: gehobener Standard, aber preisgünstig. Wir kauften ein Kleidungsstück für zwei. Sie war Schauspielerin, Freundin und Darstellerin in Sartres Theaterstücken, Schwester der Brüder Jacques und Claude Lanzmann. Ich denke oft an sie, wir nannten sie die Löwin wegen ihrer Haartracht. Ich war später Mitglied im Kabinett eines Ministers der algerischen Regierung geworden, als sie 1965 in Algier auf der Bühne stand. Da ich selbst auf einer Tournee war, machte ich mir nicht die Mühe, während ihres Aufenthaltes zurück in die Hauptstadt zu fahren. Der Aktivismus war damals noch wichtiger als die Freundschaft... Ich habe sie nie wiedergesehen. Einige Monate später ist sie gestorben.

Marceline Rosemberg-Loridan-Ivens[58]. Zerbrechlich und stark. Hübsch, mutig, lebhaft wie all jene, die mit dem Tod vertraut waren. Für immer meine Freundin.

Wir wollten das Leben ändern.

Es war gut, unser Leben zu verändern.

Aber ganz in unserer Nähe gab es die Folter, die Guillotine, die Schreie der Unterdrückten. Aus den *Ereignissen in Algerien* wurde der Algerien-Krieg.

---

58 AdÜ: Cineastin, Schriftstellerin, Deportierte, 1928 - 2018

# Moskau

Eingeladen wurde ich von der Akademie der Wissenschaften der UDSSR für eine unbegrenzte Zeit, doch mein Aufenthalt in Moskau dauerte nur vier Monate. Dort erlebte ich den Schicksalsschlag von Budapest und die Krise um den Suez-Kanal. Das war im dramatischen Herbst 1956.

Wenn ich in Moskau zwar nicht die Schlangen für ein Stück Brot oder einen halben Kohl erleben musste, habe ich doch ganze Abende im Post-Büro der *Lermontow*-Universität verbracht, um Marseille am Telefon zu erreichen. Ausfüllen, unterschreiben und gegenzeichnen lassen der beiden Formulare, wobei das eine die persönlichen Daten, den Arbeitsplatz und dessen Art sowie die Bezugspersonen angab, das andere den gewünschten Teilnehmer betraf, das dauerte im günstigsten Fall eine geschlagene Stunde. Dort war wie im Restaurant, auf der Krankenstation oder sonst wo *Sitchass* das Schlüsselwort des Funktionärs jeglichen Ranges: *sofort*, das heißt *in einer unbestimmten, aber mit Sicherheit* längeren Frist, während der Sie sehr brav sein müssen. Am delikatesten war es, auf ein leeres Blatt Papier die Gründe für seinen Anruf zu schreiben. In meinem Fall war ein Übersetzer erforderlich. Er kam endlich an und – *Sitchass* – machte sich missmutig an die Arbeit. Seine Sprache eines Pariser *Sorbonne*-Absolventen ließ nicht voraussehen, dass er eine halbe Stunde oder länger für die Übersetzung von zwei sybillinischen Sätzen brauchen würde. Bevor man den Hörer abnehmen konnte, tippte die eingeschlafene Postbeamtin alles auf ihre Maschine mit den eingerosteten Tasten. Für die Bezahlung, den Beleg und Gegenbeleg ein weiterer Hindernislauf.

Die einzige Annehmlichkeit dieses kafkaesken Universums waren die Begegnungen, die es ermöglichte. Dort war es, dass mir ein Sechzigjähriger den Leidensweg der spanischen Kommunisten beschrieb, die nach Francos Sieg von den Sowjets in ihrem Gepäck mitgebracht worden waren. Er erzählte von dem Unglück eines Freundes, der seit zwanzig Jahren von den Seinen getrennt war. Sein Schulfranzösisch mit dem rauen Akzent und seine zurückgehaltenen Gefühle gaben mir die Gewissheit, dass er jemandem, der von da unten kam, sein eigenes trauriges Abenteuer erzählte. Er wich aus, als ich ihn nach seiner Adresse fragte und was ich für ihn tun könnte. Er telefoniert auf die Krim. Wie ich hatte er eine Reihe Formulare ausgefüllt, wohingegen die anderen Kunden nur einen einzigen Vordruck verwendeten, um ihre Personalien und die ihres Korrespondenten anzugeben. An einem anderen Abend begegnete ich einem Mathematiker aus Nowgorod. Fuchsmütze, Filzstiefel, so hielt ich ihn für einen Apparatschik, obwohl man üblicherweise denen nicht in den Warteschlangen begegnet. Als er begriff, dass ich Französin war, sprang er förmlich auf mich drauf. Er wünschte zu wissen, ob die Theorien eines – ich weiß nicht mehr welchen – französischen Mathematikers, von dem er ein Werk gelesen hatte, mir vertraut seien. Über meine Unwissenheit verärgert unternahm er es, mich über die Kybernetik aufzuklären, die er nicht unterrichten konnte, obwohl er überzeugt war, dass diese Wissenschaft die Zukunft der Menschheit war. In einem tadellosen, etwas altmodischen Französisch legte er mir seine Hypothesen dar, von denen ich natürlich nichts kapierte. Das hatte aber keine große Bedeutung, weil er so glücklich war, dass ich ihm zuhörte. Ich meinerseits berichtete ihm von dem, was ich über die ersten Anfänge der kybernetischen Neurophysiologie wusste. Als ich ihm anvertraute, dass der Mann mit den elektronischen Schildkröten aus Bristol, *Grey Walter*, mein Freund sei, begeisterte er sich, küsste mich überstürzt auf die Wange, berührte leicht meine Lippen, drehte auf dem Absatz um und verschwand.

## Erste Kontakte

Anfang September 1956 landeten *Yvette* und *Henri Gastaut*, Jo und ich in Moskau. Henri, mein Chef, damals Präsident der Internationalen Föderation für klinische Neurophysiologie, war eingeladen, Konferenzen in Moskau, Leningrad und Tiflis abzuhalten, während ich in diesen Städten Laboratorien besuchte, um zu entscheiden, in welchem Zentrum ich unser Forschungsprojekt realisieren sollte. Unsere Ehepartner begleiteten uns. Wir fürchteten uns vor den Ankunftsformalitäten, alles war ganz einfach. Auf dem Flugplatz erwartete man uns mit ausgerolltem rotem Teppich. Henri jubelte. Auf der ganzen Welt war er empfangen worden, aber *dieser Luxus gepaart mit so viel Freundlichkeit, niemals!* Yvette und ich, die wir nicht alle Willkommens-Toasts in Form eines auf Ex getrunkenen Wodkas honorierten, waren weniger enthusiastisch. Beim Hochziehen der Vorhänge in unserem luxuriösen gemeinsamen Gästezimmer mit Renommee entdeckten wir die traurige Straße der bettelarmen Bevölkerung.

Unsere antiquierten Suiten der funkelnden Sowetski erfreuten uns. Möbel von Isaak Lewitan aus der großen Zeit, greller Brokat, jede Menge kleiner Deckchen, bei Yvette noch mehr als bei mir. Man muss eben ein Gefühl für Hierarchie haben. Die Eingangshalle… kolossal, marmorartig, so hässlich, dass sie dadurch grandios wurde.

Moskau war eine schöne Stadt, wenn man die Schandflecken der stalinistischen Architektur verschwinden ließ, die noch wuchtiger war als Mussolinis. Der Kaviar war erste Klasse, der Champagner zu gezuckert, die Kellner zu unterwürfig, die Bedienung zu langsam, der Dolmetscher zu anwesend. Das Bolschoi war prunkvoll, Galina Oulanova als Julia wunderbar, der Empfang in der Akademie der Wissenschaften akademisch langweilig, die Galerie *Tretjakoff* enttäuschend.

Wir träumten von unserem nächsten Ausflug am Ufer

der *Newa*. Der Goldpfeil brachte uns dorthin. Obwohl unsere Lokomotiven, darunter die des mythischen *Blauen Zugs*, noch richtige Loks waren, die Flugasche ausspuckten, wirkte der russische Pfeil auf uns bemoost. Die Reise war endlos. Babuschka, Samowar, Tschai (Tee) wie in den Büchern. Wälder von silbrigen Weiden, bleiche Nebelhöfe um Sümpfe herum, kupferne Ulmen, von Wasser überschwemmte Weiten, vielfarbige Bauernhütten, deren Dächer auf den Boden gingen, und wie überall Kinder, die den vorbeifahrenden Zug ansahen.

Das alte *Leningrad* und heutige *Sankt-Petersburg*. Der Schock. Die *Newa*. Die Impressionisten und dort erneut der Tanz aus Schwanensee, die geflügelte Maja Plissezkaja. Die Erwartungen konnten für Henri und Yvette nicht dieselben sein wie für Jo und mich. Winterpalast, Aurora, Kronstadt hatten immer ihren Platz in der Kassette mit Bilderbögen aus *Epinal*[59] zum Thema der „Abtrünnigen". Ein Nachgeschmack von Emotion begleitet mich noch, wenn ich mir den *Newski*-Prospekt in Erinnerung rufe. Zauber der Zuneigung. Wir fühlten uns dort einander so nah, Jo und ich.

Henri hätte gern Anhänger von Fjodor Dostojewski getroffen, um über dessen Epilepsie zu sprechen, aber wir waren in Leningrad und nicht in Sankt-Petersburg. Es gab dort sehr wohl eine spezialisierte literarische Akademie, aber unmöglich, sich den *Propusk* zu verschaffen, den sakrosankten Pass! Wir verbachten ein Wochenende in der Datscha des mit dem Leninorden und zahlreichen anderen Medaillen dekorierten Akademikers Bikow. Die *Sakuski* seiner Köchin zur Vorspeise waren exzellent, sein Majordomus[60] echt schick, sein Chauffeur griesgrämig. Kristallgläser, vergoldetes Silberbesteck, feines Porzellan, wirkten wie aus dem nahen Schloss von *Krasnoje* geraubt, dem Juwel im Schnee, in dem man fast die Phantome

59 AdÜ: Druckgrafiken: Die Bilderbogen aus der Stadt Epinal in den Vogesen wurden in alle Welt exportiert.
60 AdÜ: Hausverwalter

von *Anna* und *Wronsky*[61] berührt. Man bot uns eine Matinee in einer Troika. Seiden, Pelze, fürstliches Pferdegeschirr, worauf unser Gastgeber uns aufmerksam machte. Übelkeit! Kleinkinder, die aus winzigen Holzhütten mit schlecht verbundenen Latten kamen. Sie liefen einige Meter hinter unserem Gespann her, ihre blau angelaufenen Hände ausgestreckt, wie es die Genfer Schwäne mit ihrem Hals tun, um Nahrung zu erflehen.

*Tiflis*. Eine bunte Menge, Operettenkrieger, lange Röcke, blitzende Säbel, schwarze Zöpfe, bestickte Schals, hölzerne Balkone, blumengeschmückte Fenster, eine romanische Kapelle in einem Busch. Trotz des Schattens vom Kaukasus fühlten wir uns leichter, weil wir den Duft des Südens atmeten. Wir hatten uns verpflichtet, der Familie unseres Freundes Serge eine Botschaft zu überbringen. Der *Genosse* Serge hatte seinen Charme dank eines exotischen Körpers, den er mit einem Bart wie Stalin noch perfektionierte, *mein Cousin* log er seine Tanzpartnerinnen auf dem Fest der *Humanité* an. Ein heiterer Psychiater, der sich fragte: *Was ist der Unterschied zwischen einem Psychiater und seinem Kranken? ... Letzterer kann geheilt werden*. Wir hatten ihn in Verdacht, dass er den Witz erfunden hatte. Er hatte seit langem ein Visum für Georgien beantragt, wo seine Onkel, Tanten und Cousins noch lebten. Seine französische Frau hatte genug Zeit gehabt, Russisch und Georgisch zu lernen, seine Enkelin, vier Jahre alt zu werden, und sein Astrachan-Pelz von Motten zerfressen zu sein, bevor die einleitende Antwort kam: *Sitchass*, die Autoritäten werden das Dossier studieren. Das war 1956 nach dem 20. Kongress der KP der Sowjetunion. Serge, dessen überschwängliche Begeisterung sich beruhigt hatte, hoffte auf Informationen und Ratschläge seiner Cousins, die in Tiflis lebten.

Wir bedienten uns wieder unserer Rezepte aus der Zeit im Untergrund und ließen unseren Übersetzer mit seinem

61 AdÜ: Aus Anna Karenina von Tolstoi

Komplizen, einem besonders aufmerksamen Funktionär von der Akademie der Wissenschaften, einfach ohne uns zurück. Früh am Morgen verliefen wir uns in einem Gewirr von Gassen, die sich an den Hügel klammerten. Die ein- oder zweigeschossigen Häuser waren mit blühenden Gärtchen verschönert. Nach einigen hundert Metern verwandelte sich die gepflasterte Straße, die Serge uns angegeben hatte, in einen schlammigen Weg, an dem Häuser ohne Nummer standen. Wir hatten schon wahrgenommen, dass sich die Türen schlossen, als wir vorbeigingen, und die wenigen Passanten sich nicht ansprechen ließen. Zaghaft versuchten wir zu *hausieren*. Niemand öffnete. Keiner der Schatten, die wir hinter den grünen Pflanzen in den schmalen Fenstern erblickten, bewegte sich. Nach diesem Eindringen in verbotene Zonen kehrten wir bitter enttäuscht und beunruhigt zurück zum Hotel. Unser Übersetzer suchte uns schon. Unser Ausflug war trotz unserer Diskretion den über uns wachenden Engeln nicht entgangen, die wahrscheinlich vom *Tauwetter*, der Perestroika in *Malenkows* Zwischenspiel, nichts wussten.

Am Ende unseres Aufenthaltes in der Heimat von *Rustaweli* (*unser Nationaldichter*) und von *Dschughaschwili* (*unser Stalin*) machte Jo süßsauer einen Scherz: *In diesem Land von Bojaren*[62] würde Serge sich wohlfühlen! Trotz unserer Warnungen zog Serges Familie nach Tiflis. Er wurde Akademiker und schaffte es (ich vermute nach einigen Verrenkungen), Vertreter der georgischen Sowjetrepublik bei der UNESCO zu werden. Er fand sein Paris wieder.

Wir kamen um den Besuch des Geburtsortes von *Joseph Dschughaschwili*, genannt Stalin, herum, obwohl die Allgegenwart seiner Statuen als ganze Figur, Büste, Flachrelief oder anderes Bildnis gegen die offizielle ideologische Lockerung sprach.

---

62 AdÜ : Großgrundbesitzer

Davon überzeugt, dass es sich um eine auf der Welt einzigartige Maschine handelte, bestand ein Akademieanwärter darauf, dass wir den Fahrstuhl fotografierten, der die Stadt mit der Hochebene verband, die Tiflis dominiert. Als ihm die Argumente ausgingen, drückte Yvette auf den Auslöser ihres leeren Apparates. Wir mussten einsteigen. Wir machten barmherzig keine Bemerkung darüber, dass die Kabine irgendwie etwas von derjenigen hatte, die bei uns zur *Notre-Dame-de-la-Garde* hochfährt, dass ihr Geräusch an das der *Schnüre* von *Fourvière* in Lyon und von *Sacré-Coeur* in Paris erinnert und dass die Landschaft, obwohl schön, nicht so sublim war wie jene, die von der Zahnradbahn des *Mont-Blanc* geboten wird. Die Männer, deren Mitleid schwerer zu erlangen war, hatten sich geweigert, der Laune unseres Cicerone[63] zu genügen. Yvette und ich wurden für unsere gute Tat belohnt. Oben ein Vergnügen: unsere ersten verliebten Sowjets, die flüchtig Küsse tauschten – eine Schamlosigkeit für einen linientreuen Komsomol. Das Essen bei dem Professor *...aschwili* brachte uns in die miesere Wirklichkeit des sozialistischen Alltags vor Ort zurück. Mit den Händen in den weiten Ärmeln ihres folkloristischen Kleides blieb unsere Gastgeberin während des gesamten Essens schweigsam hinter ihrem Mann stehen. Sie war Französischprofessorin und Übersetzerin unserer Klassiker. Im Salon kam sie zu uns, Yvette und mir, in die streng für die Frauen reservierte Ecke, wo einige ihrer Freundinnen auf uns warteten.

Und dann also auf in die *Sowchose*[64], das Prunkstück des Weinanbaus in der Sowjetunion. Georgischer Champagner, den Präsident *Vincent Auriol*, der vor uns dort gewesen war, sehr gemocht hatte – laut *Intourist*. Wir wurden vom Thronfolger des Akademikers begleitet, der uns empfing. *Ro...* war damals ein schüchterner junger Mann, es sei denn, er war etwas einfältig. Gewitterdonnern hinter den Gipfeln kündigte den

63 AdÜ: Fremdenführer

64 AdÜ: Landwirtschaftlicher Betrieb in Staatshand mit Angestellten für den Ein- und Verkauf

kleinen Sonnenstrahl an, der nach dem Gewitter die Weinstöcke schillern lassen würde. Wir waren ungefähr hundert Kilometer von Tiflis entfernt. Kinder – in Lumpen oftmals, manche ohne Schuhe – planschten im Matsch. Die Blumen machten ihre Häuser ansprechender als die der Not leidenden Kinder im Baltikum. Rote und weiße Winden kletterten die Mauern hoch, deren Löcher vom Zweigwerk verschlossen wurden. Manch eine Tür schmückte sich mit einer Pergola. An die Uferhänge des Flusses gereihte Dörfer. Von Zeit zu Zeit wies unser Führer *Ro* auf eine Schule hin. Die leninistische Parole *der Sozialismus ist Elektrizität für alle* war noch nicht an diese Ufer gelangt. Stalins Abbilder waren an die Fenster genagelt, die von kleinen Laternen vermutlich mit Talg beleuchtet wurden. Wir versuchten erfolglos, über diese Zeichen der Anbetung eines Gottes, der in der offiziellen Liturgie obsolet war, einen Kommentar von unserer Eskorte zu erhalten. Schüchterne Entschuldigung, das seien einfache Leute!

Jeder Schauer ließ den Fluss weiter anschwellen. Der Fahrer bestätigte, dass unsere kräftige *ZIM*-Limousine[65] den Fluss noch überqueren konnte. Unsere Furcht vor der Isolation in dieser Umgebung verstärkte sich noch, als wir erfuhren, dass Mitglieder des Gefolges von Präsident Auriol hier auf Grund von sintflutartigen Regenfällen festgesessen hatten. Armeehubschrauber waren zu ihrer Rettung gekommen, was unserem Begleiter magisch erschien. Da wir schon ermüdet waren, erwogen wir eine eventuelle Umgehung unseres Besuchsprogramms. Unmöglich. Wir mussten da sein, wo wir sein sollten. Die Antwort war derart schneidend, dass unser noch grüner Akademiker puterrot wurde und sich wie unter einem Peitschenschlag steif aufrichtete. Behutsam hatte er sich erkundigt:

*Was machen Sie in Frankreich, um einen reißenden Fluss zu überqueren?*

---

65 AdÜ: Automarke der sowjetischen Firma GAZ

*Brücken, mein Herr* erwiderte unser entnervter Professor lautstark.

Die Sowchose lag in der Enklave von *Kachetien*. Die Verantwortlichen sprachen immer noch vom Fürstentum. Seit dieser Reise drohte ich meinen Kindern, wenn sie eine Bestrafung verdient hatten, sie zum Prinzen Tchechevaze zu schicken, der sich Mitte des 18. Jahrhunderts vor der erzwungenen Russifizierung mit dem Osmanischen Reich verbündet hatte. Das Sowjetregime hatte aus seinem Anwesen ein Museum gemacht. Man durfte respektvoll sein Schreibpult und seinen Nachttopf bewundern, bemerken, dass dieser russophile Kaukasier ein großer Geist war, der einen Briefwechsel mit *Voltaire* hatte. Seit zwei Jahrhunderten gab es seinen bescheidenen Zoo, von dem er viel hielt. Er war renoviert worden. Die Dromedare waren ein bisschen x-beinig, aber die Giraffe war elegant. Die Pfauen stolzierten herum. Als wir dem Kolchose-Direktor ganz natürlich, ohne den Schatten einer Provokation die Einrichtung einer Schule im Haus des Prinzen vorschlugen, so dass die Schüler vom Zoo profitieren könnten, erklärte er, dass seine eigenen Kinder, die mit ihm im Jagdpavillon wohnten, sehr regelmäßig den Sohn des Ingenieurs zum Spielen im Park einluden. Unnötig, darauf zu bestehen.

Die *Muschik*[66] begrüßten ihn sehr untertänig und betrachteten uns, wenn wir ihnen zufällig begegneten, wie Kreaturen, die von einem anderen Planeten kamen. Sie waren *Sowchosniki*, sozialistische Arbeiter, *neue Menschen*. Wir waren auf einem der reichsten Weingüter der ganzen Union.

Schwamm drüber.

---

66 AdÜ: Arme Bauern im Zarenreich, die als korrupt und gerissen galten, aber seit 1861 frei waren

## Die gemütliche Universität

Ein Gefühl von Verlassenheit packte mich, sobald mein Mann und meine Freunde ins Flugzeug für die Rückkehr stiegen. Ich versuchte, meine Panik vor meinen Gastgebern zu vertuschen, die mich ins Hotel Metropol fuhren, wo ich wohnen sollte. Sie stellten mir meinen Chauffeur Mischa vor, der mich zur Universität brachte, damit ich mit meinem künftigen Labor Kontakt aufnahm.

Ich hatte entschieden, im Institut für das höhere Nervensystem in der Abteilung zu arbeiten, die Volokine leitete, der gerade aus dem Gulag kam, was ich noch nicht wusste. Mit Ausländern sprach man nicht über solche Sachen! Ich erfuhr von seiner Deportation anlässlich eines Empfangs in seiner Dreizimmer-Wohnung. Seine Frau, etwa Fünfzig, entschuldigte sich für das bescheidene *lunch* und flüsterte auf Französisch, einer Sprache, die sie bis dahin nicht gebraucht hatte, dabei mir zu, dass ihr Mann seit ihrem gemeinsamen Leben in Sibirien ein Freund von Igor sei, einem Cineasten, den ich kannte. Als ich letzterem den Vorwurf machte, mir diese Freundschaft verheimlicht zu haben, erklärte er mir, dass unter diesen Umständen Diskretion geboten sei. Vielen Überlebenden der Vernichtungslager der Nazis widerstrebte es lange Zeit, von ihrem unsagbaren Leidensweg zu sprechen. Die Opfer der Stalinschen Barbarei schwiegen ebenfalls vor denen, die noch zahlreich waren und die Auffassung hatten, es sei ehrenrührig, wenn man Sibirien gekannt hatte. Er gab mir aufschlussreiche Beispiele, die bewiesen, dass Chruschtschows Bericht nicht von allen geschätzt wurde, obwohl er angesichts der monströsen Wirklichkeit noch nett war.

Der Blick aus den Fenstern meines Laboratoriums ging über Moskau. Die Kuppeln der *Basilius*-Kathedrale und vom *Kreml* wirkten wie Weihnachtskugeln, die vorsichtig auf Watte gelegt worden waren.

Ich teilte mir das Büro mit Ling, einem chinesischen Kollegen, der nur von den USA träumte. Er kannte die amerikanischen Arbeiten, pries ihren Wert, der vehement von den russischen Mitarbeitern bestritten wurde, ohne dass sie sie gelesen hätten. Einige Jahre später leitete einer dieser Verächter eine Physiologie-Abteilung in *New Jersey*.

Bei meiner Rückkehr nach Frankreich hielt ich in der *Salpêtrière*[67] eine Konferenz über meine Erfahrung als Forscherin in Moskau ab. Im Nachlass einer Tante habe ich den ausgeschnittenen Artikel der Abendzeitung *France-Soir* vom 12. Februar 1957 gefunden, sein Titel: *Ein französischer Mediziner, die Doktorin Anne Rivière aus Marseille, hat als erste das Leben der russischen Forscher geteilt.*

Ich lese: *Wie arbeiten die sowjetischen Forscher? Im Prinzip von 9 Uhr morgens bis 3 Uhr nachmittags. Um 9 Uhr versammelt man sich, eine Stunde lang diskutiert man über soziale Probleme.* Ich hatte nicht gewagt, meinen Zuhörern zu sagen, dass auch dort *Sitchass* das Schlüsselwort war. Für das geflügelte Wort *Was du heute kannst besorgen, das verschiebe nicht auf morgen* gab es keine Übersetzung ins Russische. Gemächlichkeit. Mangel an Initiative. Angst sich nach vorn zu stellen. Ein Überangebot von Forschern ersten, zweiten und dritten Grades. Armseligkeit der technischen Einrichtung.

Meine Tage waren die eines zivilen Forschers, der zwar keine materiellen Sorgen kannte, aber wie jeder Sowjetbürger mit seinem oder seinen unabdingbaren *Propousk* beschäftigt war, deren Anzahl die gesellschaftliche Stellung anzeigte. Ich besaß zwei dieser kostbaren Pässe, der eine erlaubte den Zutritt zur Universität, und auf dem anderen waren die Bezirke (mehr oder weniger das Gleiche wie unsere Kantone), die Städte und die Orte eingetragen, in die ich gehen durfte oder in denen ich mich aufhalten durfte.

---

67 AdÜ: Berühmtes Nervenkrankenhaus in Paris

Ich kam in meinem Laboratorium um 9 Uhr 30 an, um auf meine Mitarbeiter zu warten, die noch in der täglichen Versammlung aller Studenten und Forscher aufgehalten wurden, wo sie, nach dem was mir bekannt war, darstellen mussten, wie weit ihre Arbeiten fortgeschritten waren, und vor allem die *sozialen* Projekte der *Komsomol*[68] bestätigen sollten. Man musste die Forschungseinheit auswählen, deren Mitglieder beim Schneeschieben halfen, das zu der Zeit manuell geschah und die Straßen der Universität oder ein Stadtviertel Moskaus betraf. Manchmal ging es darum, die Studenten und Forscher zu bestimmen, die bei der Kartoffelernte in einer Kolchose nahe der Hauptstadt mitmachten.

Ostentativ verschmähte ich die Vorschläge für Ausflüge, die einer Akademikerin würdig waren, insbesondere einer ausländischen, und mir von Kollegen vorgeschlagen wurden, die ich bis dahin noch nie getroffen hatte: Ich meldete mich freiwillig zur Hilfe für die Kolchose!

Zu meiner großen Überraschung schuf unsere Ankunft überhaupt keine Aufregung im Dorf; kein einziger Bauer sprach uns an. Im Sonntagsstaat schienen sie ziellos in kleinen Gruppen oder allein auf der einzigen Straße zu flanieren, auf der die Pfade von einer zur anderen Spurrille verliefen, welche die Räder der Karren hinterlassen hatten. Sie ignorierten uns. Als ich auf einen kleinen Platz kam, zog ein verblasstes Plakat meinen Blick an, auf dem ich sprachlos Simone Signoret als Thérèse Raquin erkannte. Ich las mit der Hilfe von Volodia auf Russisch die Namen des Filmregisseurs Carné und des Romanautors Zola an einem sogar für mich unerwarteten Ort, obwohl ich in Frankreich häufig in den *Volkshäusern* war.

Das Kino lag neben dem Dienstraum der Partei, wo wir vom Kolchos-Direktor empfangen wurden, der seinen Speech schnell abspulte, um uns seinem Messdiener anzuvertrauen,

---

68 AdÜ: Jugendorganisation der KP

der uns auf unser Beet führte. Wir waren ungefähr zwanzig, einige erhielten Handschuhe, andere eine kleine Schaufel und ich beides. Tatsächlich war es so, dass die zu spät geernteten Kartoffeln mir verdorben schienen. Es wurde gesagt, sie seien zum Füttern der Schweine bestimmt, was einige meiner Gefährten Stadtbewohner nicht daran hinderte, sich ihre Taschen vollzustopfen. Dieser Haufen Knollen, die wir an jenem Sonntag aus Solidarität zwischen Hand- und Kopfarbeitern geerntet hatten, würde dort liegen bleiben, stellte ich mir vor, um in Erwartung des Frostes, den ein frischer Wind schon ankündigte, seinen Fäulnisprozess fortzusetzen. Es wurde dunkel, als wir zurück zu unserem Bus kamen, der anscheinend den Krieg überlebt hatte. Er wurde einem Fahrer der Kolchose anvertraut, der sich ans Steuer setzte, ohne seine griesgrämige Miene abzulegen. Unser eigener Fahrer wurde nach hinten ins Fahrzeug quasi geschmissen, wo er mit einigen Studenten, die etwas weniger krank als er waren, seinen Rausch ausschlafen konnte – obwohl auf dem Arbeitsplatz Wodka verboten war.

Jeden Tag, nachdem ich meinen Ausgang bei der Babuschka-Polizistin des Stockwerks gemeldet hatte, ging ich den unterirdischen Weg, der mich zu den Gebäuden der Fakultäten und Forschungsinstitute führte. Ein Kilometer ungefähr im Warmen, bevor man durch einen Garten ging, dessen Bäume noch Buschwerk waren, um zum Institut für höhere Nervenaktivtäten zu gelangen. Ob man den Fahrstuhl nahm oder über die Treppe ging, um dort hinein zu kommen, der *Büttel* oder vielmehr die war schon da und prüfte bei jedem Vorbeigehen unseren *Propousk*. Er oder sie gab ihn zurück, ohne uns anzublicken oder auf unsere Begrüßung zu antworten. Es war überflüssig, das magische Papier einzustecken, weil man es wieder vorzeigen musste, bevor man die Tür zur Etage des Arbeitsplatzes aufstieß. Gemäß Ling, der seit vier Jahren in Moskau lebte, waren die Kontrollen seit dem *Tauwetter* weniger pedantisch; es bedurfte jedoch großer Findigkeit und vor allem des Glücks, um zu erreichen, dass man einen Freund, der in einer anderen Einheit arbeitete, das heißt auf einer anderen Etage als der eigenen, in sein Territorium holen konnte. Um 15 Uhr 15 bei der Schließung aller Laboratorien wurde der *Propousk* wieder herausgeholt, um in der Ausgangshalle gezeigt zu werden, bevor man stempelte, wovon ich durch mein Statut befreit war. Er war ebenso unersetzlich, um auf den Campus zu kommen oder ihn zu verlassen, einen Wolkenkratzer, Stolz der Moskauer, der wie ein I auf dem der Wissenschaft geweihten Hügel stand.

Falls wir es wünschten, sofern wir dem Verantwortlichen (in meiner Einheit ein eher zuvorkommendes Mädchen und vermutlich hoch verehrte Komsomol) die Bitte vorgetragen hatten, der unseren *Propousk* gegen einen *Eintrittsgutschein* tauschte, konnten wir eine Stunde lang lesen, schreiben oder auch träumen – in einem langen Raum, der mehr von einer Betriebskantine, als von einem Lesesaal hatte. Die Plätze nahe den großen Glasfenstern waren begehrt wegen ihres Blicks auf die Landschaft oder (was wahrscheinlicher war, aber niemand mir bestätigte) auf den verbotenen Park, wo die Villen der oberen Nomenklatur hoch ragten, in die ich hineingelassen wurde – nach einer kurzen Fahrt in einer offiziellen Zim-Limousine, dessen Scheiben mit Vorhängen verkleidet waren, trotz der nächtlichen Dunkelheit, die wenig geeignet ist, sich im Raum zu orientieren.

Unser Forschungsprogramm behauptete, die mögliche Rolle des Schlafes für den Prozess des Erinnerns deutlich herauszustellen. Das Versuchsprotokoll beinhaltete mehrere Etappen. Dasselbe Thema wurde im Verlauf einer enzephalographischen Untersuchung vier verschiedenen Situationen ausgesetzt, die in Bezug auf ihre Ergebnisse als gleichwertig betrachtet wurden. Die *Freiwilligen* wurden zuerst an einem gewöhnlichen Tag zwischen 10 Uhr und Mittag getestet, dann am folgenden Tag nach einer schlaflosen Nacht vor und nach einer Siesta und schließlich eine Woche später unmittelbar vor und nach einer üblichen Nacht mit Schlaf. Ich wagte kaum, mir die Frage zu stellen, wie zwanzig Praktikanten zwischen 18 und 22 Jahren sich bereit finden könnten, mindestens zwei Tage Studium und Arbeit draufzugeben, um die *Versuchskaninch*en für unsere Studie zu sein. Heldentat der Sozialisation der Mittel *der Produktion … und der Produzenten* – schon am nächsten Tag nach meinem Antrag kannte ich meine zwanzig Freiwilligen. Ich fiel von einer Überraschung in die nächste, denn ich merkte, dass alle diese jungen Leute zur selben Arbeitseinheit gehörten, deren Arbeit aus diesem Grund ihr Tempo herunterfahren musste. Es stimmte, denn – *Sitchas* – nichts war eilig. In den Laboratorien wie auf der Straße und selbst in der Metro: nicht die Ruhe verlieren an der Moskwa. Alles schien in *Butter*, als die erste Schwierigkeit mit dem EEG-Gerät auftauchte, dessen Marke von den Spezialisten wenig geschätzt wurde. Da eine Menge der Elektroleiter eine Panne hatte, war ich gezwungen, den Ablauf des Experiments zu verändern. Als ich einen anderen Apparat anforderte, gab man mir zu verstehen, dass man mir den einzigen funktionierenden in der ganzen Universität gegeben hatte. Einige Zeit später lud mich die Verantwortliche für die Ausländer, die sich in den Universitäten der Union aufhielten, zum Abendessen in das schickste Restaurant Moskaus ein, das gerade eröffnet worden war: das *Praha*. Ein Mann schloss sich uns an, er war ein wichtiger Funktionär, der um meine Hilfe bei der Auswahl von Elektroenzephalographen bat, denn er konnte davon drei oder vier kaufen, wie er mir mit einem leisen Seufzer gestand. Ich akzeptierte bedenkenlos die Einladung des Chefs von der französischen Firma, die diese erste Bestellung auslieferte, in den *Tour d'Argent*[69].

Ich lernte in Moskau die Langeweile bei der Arbeit. Es stimmt, dass das Kauderwelsch, in dem wir unsere Überlegungen austauschten, die Isolation verstärkte, die schon durch den schleimigen, wenn nicht sogar aufrichtigen Respekt vor dem Forschungsleiter erschwert war. Keine oder fast keine Fragen

---

69 AdÜ: Eines der weltweit bekanntesten Pariser Restaurants

und vor allem keine Kritik, die verärgern könnte. Ich träumte von den lebhaften Diskussionen in Marseille, bei denen die ganze Mannschaft mitgemacht hatte, ohne vor dem Boss zu zittern. Auf dem Hügel von Lermontow in Moskau hielt man den Mund, man schlich an der Wand entlang, es sei denn, man war der anerkannte Verantwortliche, um schöne Reden zu halten. Ein paar flüchtige Wortwechsel sollten mir jedoch zu verstehen geben, welche Frustrationen bestimmte Gebildete aushielten, die einige Informationen zusammengetragen hatten, die sie aus der kapitalistischen Hölle bezogen. Sie litten schweigend, nicht über das Material und die intellektuelle Umgebung zu verfügen, die günstig für Forscher sind, aber wussten, dass sie denen vorbehalten waren, die für die Armee arbeiteten. Ich konnte feststellen, dass tatsächlich, während es im *IANS (Institut für höhere Nervenaktivität)* wie in den Krankenhäusern, die ich noch besichtigte, an allem mangelte, im Geheimen der Raketenstart des *Sputnik* und der erste bemannte Raumflug vorbereitet wurden, die am Anfang des Jahres 1957 die Welt in ihren Bann zogen. 1956 stand noch die gesamte UDSSR Gewehr bei Fuß.

1970 traf ich auf einem Kongress einige junge Leute, mit denen ich in Moskau verkehrte; ihre Fortschritte zeigten, dass sich der Schraubstock ein wenig gelockert hatte. Zu der Zeit und bis zur Perestroika von Gorbatschow waren die *Reisenden* Menschen mit Beziehungen, von denen man – manchmal zu Unrecht – nicht befürchtete, dass sie die Freiheit wählen würden, wie es zwei der drei Kollegen, der eine 1960, der andere 1963, taten, mit denen ich in Moskau Arbeitskontakte hatte.

Auch wenn die Arbeit nicht aufreibend war, weit gefehlt, hinterließen meine vier Monate am *IANS* in Moskau eine so große Müdigkeit, dass ich die dort begonnene Forschung nicht fortsetzte. Ich machte mich an eine Arbeit gleichfalls auf dem Gebiet der *bedingten Reflexe*, aus dem der Bericht wurde, den ich mit meinem Freund P.B. von der *Ecole Normale Supérieure* (der später Mitglied der Akademie der Wissenschaften Frankreichs wurde) auf dem internationalen Kongress für Physiologie vortrug, der 1957 in Brüssel stattfand.

Laut Medicus von *France-Soir* soll ich vertreten haben, dass *der Geist der sowjetischen Medizin weiterhin von 1950 getroffenen Entscheidungen in der Hochzeit der Zwei-Lager-Theorie von Schdanow bestimmt wird; seit zwei Jahren haben jedoch die Häretiker Rederecht.* Ich sprach von den zaghaften Vorstößen von Orbeli, Anukin und Lurija und fügte hinzu: *Das sind Ausnahmen. Die Mannschaft der alten Akademiker ist immer noch da und hat ihre Macht in keiner Weise eingebüßt.* Ich hätte diese Feststellung illustrieren können, indem ich ihnen von den Möglichkeiten und Unmöglichkeiten der Öffnung für wissenschaftliche Erkenntnis sprach – je nach Stellung in der Hierarchie der Forschung und der Partei zusammengenommen.

1956 wurde der Zutritt zur Bibliothek im Untergeschoss kontrolliert, und nur eine winzige Auswahl der Veröffentlichungen war für Nicht-Akademiker zugänglich. Der Eingang zu diesem Bereich hatte einen Windfang, der sich zu zwei Sälen hin öffnete, der eine, reserviert für studierende Praktikanten, war auf so gut wie nichts reduziert, der andere, etwas komfortabler, war für die anerkannten Forscher. Über einen anderen Gang gelangte man zum Eingang der Höhle, wo die Literatur der Welt gut bewacht wurde. Als Akademikerin gestattete mein goldener Propousk mir, begleitet vom respektvollen Gruß des Wächters, das schmiedeeiserne Gitter des Heiligtums zu durchschreiten. Immer noch im Stil von Lewitan, lackierte Tische, bequeme Stühle, Ecksalon für Gespräche unter Kollegen, wenige, jedoch wirkungsvolle Angestellte. Während meinen beiden kurzen Aufenthalten an diesem Ort begegnete ich nur drei oder vier weiteren Lesern.

Es ist mir nicht gelungen herauszufinden, ob die wenigen Akademiker, die keine Parteimitglieder waren, in diesem

Zufluchtsort zugelassen waren, der für wenige reserviert war und an dem sich die kapitalistische Wissenschaft mit der proletarischen maß. Mein armenisch-franko-sowjetischer Freund Michel, der in der Bibliothek des Geographie-Instituts arbeitete, behauptete *nein*. Ich war versucht, ihm zu glauben, auch wenn sein wilder Hass auf den Kommunismus ihn manchmal blind machte.

Einer der Akademiker, die im Vorjahr in Marseille empfangen worden waren, *C.M.*, lud mich zu sich nachhause ein, in seine Datscha und sein Laboratorium. Ich wurde bei der Heim-Nomenklatura der untersten Stufe herumgereicht. C.M. hatte das Auftreten des Zaren. Er dürfte sein Kreuz oft gekrümmt haben, um seine Herkunft vergessen zu machen. Seine Frau verbarg ihre adlige Herkunft nicht mehr. Sie war eine kleine, fröhliche Kugel und glücklich, ihren Reichtum ausbreiten zu können. Sie wohnten in einem der Gebäude, die den konformistischen Akademikern vorbehalten waren. Ihre Kinder gingen auf die prestigereiche französische Schule. In dieser eigenen Welt der *höheren* Sowjets war die französische Sprache selbst zu dieser Zeit noch diejenige, die schon die Aristokratie kennen musste. Die milchigen Hände der Hausherrin ließen mich an die von Tante Anna denken (die Tante von Jo), die ihr Vermögen, soweit die Bolschewiki es ihr gelassen hatten, in mehreren Reihen auf ihren zehn Fingern trug. Die Wohnung war klein, aber komfortabel. C.M. hatte sogar ein Arbeitszimmer und auch eine Hausangestellte, die nicht die unvermeidliche weiße Schürze zur Schau trug, sondern eine Art Uniform. Sie bediente uns bei Tisch mit Handschuhen. Erinnerungen an frühere Zeiten. Eine Hygiene-Maßnahme? Plausibel. Ich wagte nicht nachzufragen. Ich erkundigte mich jedoch nach ihrem Statut. Sie war die gemeinschaftliche Angestellte der vier Familien auf der Etage. Eine wohl anerkannte Kommunistin wie ihr Mann, der Fahrer der Akademie.

Die Datscha von C.M. war in der Nachbarschaft von Luria, einem Psychologen mit großem Renommee. Obwohl ich verstanden hatte, dass die Beziehung zwischen den beiden Paaren nicht ungetrübt war, bestand ich darauf, den Gelehrten zu treffen, dessen Arbeiten über die Sprache vermittels der Verlage der KP in Frankreich verbreitet wurden. Luria bat uns zum Tee. Eine wohlwollende Atmosphäre. Wir sprachen über die Arbeiten der französischen Neurologen Julian de Ajuriaguerra und Guillaume Hécan, die Luria bewunderte. In der Hoffnung, C.M. zu schockieren, betonte ich, dass diese beiden Kapazitäten der Neurologie keine Hochschullehrer seien. Als ich daran erinnerte, dass einer der beiden von der nationalen Marine kam, verstand Luria (bzw. übersetzte Nina): *nationale Polizei*. Darauf brach er in schallendes Gelächter aus und sagte etwas wie: *„Bei denen arbeiten sogar die Bullen."* Ich weiß nicht, auf wen er es abgesehen hatte, aber die Bemerkung war nicht dazu angetan, C.M. zu gefallen. Dessen Frau wäre es lieb gewesen, dass wir bis zur Datscha der großen Ballerina Galina Ulanowa weitergingen. Leider war sie auf Tournee. Schade, sie hätte mich sicherlich ihre Pelze-Sammlung bewundern lassen, die sie in einem Kühlhaus aufgehängt hatte, das von den besten Technikern konzipiert war, um sie vor der Sommerhitze zu schützen. Im Augenblick schneite es.

Das Laboratorium konfrontierte mich mit einer klaren Tatsache: Die Akademiker konnten lehnspflichtige Männer sein, die an diesen Ort platziert wurden, um sie für Dienste zu entschädigen, die sie einem oder mehreren Mafiosi der Partei geleistet hatten. Das Laboratorium war leer, ohne Apparate und ohne Forscher. Ich bat meinen Informanten Sascha um Erklärung, der mich ins Bild setzte. Zweifelsohne dürfte C.M. zum Stall der Handelsvertreter der proletarischen Wissenschaft gehören. Niemand interessierte sich für seine wissenschaftlichen Arbeiten, vorausgesetzt die Partei war zufrieden mit seinen ausführlichen Berichten über das Verhalten und die Einstellungen seiner Kollegen, die er auf den wissenschaftlichen Versammlungen im Ausland begleitete. Dass er Mitglied einer Delegation zu einem Kongress in Marseille gewesen war (eine individuelle Teilnahme gab es nicht) verhieß Gutes für seine Zukunft.

Sascha war ein Freund geworden. Offizieller Dolmetscher des Kultusministeriums, hatte mich sein exzellentes Französisch bei der ersten Begegnung getäuscht. Er hatte ein unglaubliches Mundwerk, sprach *Argot*[70] wie ein Straßenkind aus Belleville in Paris, obwohl er nie in einem französischsprachigen Land gewesen war. Er rezitierte den ganzen Verlaine, deklamierte die Tirade von *Cyrano de Bergerac*; zwischen zwei Strophen aus *Les Yeux d'Elsa* von Aragon fügte er ein: Von Aragon kannst du mir nichts mehr zu lesen geben. Seine Frau arbeitete als Assistenz-Konservatorin in der Galerie Tretjakow. Sie war es, die mir die ordentlichen Ausfuhrzertifikate zu einem vernünftigen Preis, versüßt mit einem kleinen Freundschaftsgeschenk, für zwei Ikonen verschaffte, die das Honorar ausmachten, das mir für einen Artikel von 85 Seiten in einer Moskauer wissenschaftlichen Zeitung zustand, den ich mit Henri Gastaut verfasst hatte. Der Rubel konnte nicht exportiert werden, er wurde vor Ort konsumiert. Die Frauen der Akademiker konnten unter dem Gewicht ihres Schmucks zusammenbrechen. Nach unserem Handel war Sascha weniger zurückhaltend, mir bestimmte Details vom Räderwerk des institutionalisierten Selbsthilfesystems zu offenbaren.

Meine Kollegen vom IANS baten mich um einen Vortrag über die Arbeiten unseres Marseiller Laboratoriums. Keine einzige Frage zu den wissenschaftlichen Aspekten, außer der von meinem chinesischen Kollegen Ling, wurde gestellt. Stattdessen musste ich, anfangs geduldig, später mitleidig, schließlich erzürnt auf die zahlreichen Diskussionsteilnehmer antworten, die verstehen wollten, warum die zwölfjährigen Kinder in Frankreich in der Fabrik arbeiten müssen, warum das Brot nur

70 AdÜ: (schwer verständliche) Umgangssprache

einmal in der Woche in kleinen Mengen gekauft wurde oder auch warum überhaupt kein Einfamilienhaus mehr als zwei Etagen hätte. Bedrückt und niedergeschmettert bestätigte ich, dass die Postkarte, die wie eine Trophäe von einer jungen Frau geschwenkt wurde, sehr wohl eine Ansicht von Marseille zeigte. Ich verzichtete darauf hinzuweisen, dass es sich um den pittoresken kleinen Hafen handelte, den *Vallon des Auffes*, wo die Marseiller hingingen, um bei Jeannot eine Pizza und bei Fonfon eine Bouillabaisse zu essen. Sie reichten sich von Hand zu Hand den Beweis über das kapitalistische Elend weiter, als ein Teilnehmer sich nach den Universitätsbibliotheken erkundigte. Ob wir sowas hätten? Wie sie funktionierten? Ich hatte wie gesagt Zugang zur Bibliothek vom Institut (in meiner Eigenschaft als Akademikerin oder mit ihnen Gleichgestellte). Ich beschrieb die getäfelten Säle, das Schmiedeeisen, die Pullman-Sessel, die Vergoldung der Gitter zum Heiligtum, das perfekt in einem Verzeichnis erfasst alle Zeitschriften enthielt, die in allen Ländern der Welt herausgegeben wurden. Als ich damit endete, dass sich diese Bibliothek im Untergeschoss ihres Instituts befände, applaudierten sie mit tosendem Beifall, stolz auf so viele Reichtümer … für sie unerreichbar. Wenn sich nichts änderte, hätten sie exemplarische Komsomolzen werden, alle Prüfungen des Noviziats bestehen, Parteimitglieder und später Akademiker werden müssen, um endlich in den Lesesaal zugelassen zu werden. Obwohl ich überzeugt war, dass viele im Hörsaal ihren Ärger herunter schluckten und sich fragten, mit welchen Mitteln sie das Tauwetter beschleunigen könnten, ging mir ihre Passivität noch mehr auf die Nerven, als dass sie mich verdross.

## Lermontow, Herbst 1956

Der Wunsch, einigen Russen zu begegnen, die keine Apparatschik s auf Moskaubesuch sind, war dafür bestimmend, dass ich einen Umzug vom Metropol in die Universität erbat. Die Zimmer im Studentenheim waren winzig, aber bequem. Zwei Zimmer teilten sich einen Flur mit Garderobe und ein Bad. Ich hatte das Glück, einen köstlichen alten Herrn voller Schalk (in den Achtzigern) für 48 Stunden zum Nachbarn zu haben, der mit der UDSSR sehr vertraut war: Louis Massignon. Dieser Gelehrte und Mann der Tat, Islamwissenschaftler, dessen militanter Antikolonialismus, wie er mir sagte, von Gandhismus getönt sei, informierte mich über die Anwesenheit von ungefähr zehn Franzosen, russischsprachigen Schülern der *Ecole Normals Supérieure*[71], und von Nina E., einer Psychologin russischer Herkunft und Frau eines einflussreichen Mitglieds der KP Frankreichs. Sie waren seit einem Monat dort. Ich kam am Geburtstag von einem aus der Gruppe an. Die abendliche Feier war sehr fröhlich. Einer meiner Kavaliere kannte das gesamte Repertoire von Yves Montand, ich hielt ihn für einen der Franzosen aus der *Rue d'Ulm*. Das war Sascha. Mit vom Fest waren Silvio, später Historiker der italienischen KP, und Oman, ein wegen seiner Schwärze sehr isolierter Saudi (die Universität der Freundschaft gab es noch nicht, auf der die künftigen afrikanischen Zaunkönige ausgebildet wurden). Durch sie kam ich in eine Gruppe von Kumpeln, die sich ein wenig übertrieben als den *Ersten Kreis* bezeichneten. Die Sowjets Volodia, Michel, Fedor und Vlady waren nicht sehr orthodox. Nur Fedor, Sohn eines hohen Parteitieres aus der Provinz von *Jaroslav*, war wie Vlady ein waschechter Russe.

Ich mochte Vlady gern. Er war Berater für Betrügereien. Seit zwei Jahren illegal in Lermontow kannte er dort alle örtlichen, politischen und sozialen Winkel. Mit einem Diplom

71 AdÜ: Eine der Hochschulen zur Lehrerausbildung, die in Paris in der Rue d'Ulm liegt

in Fremdsprachen auf den vorderen Plätzen im abschließenden Wettbewerb hatte er das Recht, sich seinen künftigen Posten auszusuchen. Er wurde ihm jedoch vorgeschrieben. Alle Stellen, die er anstrebte, waren Kindern der Nomenklatura zugeteilt worden, welche Noten sie auch immer haben mochten, sowie einigen Komsomolzen, die in der Hierarchie gut platziert waren. Er rebellierte und begab sich niemals zu den Schülern, die in *Tula* auf ihn warteten. Das Gymnasium forderte ihn nicht an. Ob das Französische dort weiter unterrichtet wurde? Nach Meinung meiner neuen Freunde war nichts unsicherer. Vlady wurschtelte sich durch. Er unternahm Behördengänge für reiche Studenten, von denen es einige gab. Er beriet jene, die in großer Zahl sich in den Labyrinthen der Behörden verliefen, gab ihnen sichere und wirkungsvolle Tricks, trainierte jene, die das wollten, wie man den Babuschkas auf der Etage auswich, gutmütige Großmütter, aber perfide Spezialistinnen der Denunziation. Er kannte die Arbeitspläne der Prüferinnen, die protokollierten, was die untersten Babuschkas aufgeschrieben hatten. Sein Schlüssel öffnete alle Zimmer. So konnte er auch das unbenutzte Zimmer neben mir besetzen. Er kam spät in der Nacht und bewegte sich erst, wenn die Diensthabende Babuschka ihren Wachturm verlassen hatte, um flüchtig im Zimmer der Akademikerin Staub zu wischen. Während sie meine Cremes im Bad ausprobierte, stahl Vlady sich schnellstens davon.

Michel, der armenische Marseiller arbeitete als Bibliothekar im Geographie-Institut. Mit zwanzig Jahren hatte er Marseille verlassen. Nachdem er mich beschimpft hatte, besänftigte er sich, vielleicht weil er durch meine Vermittlung Mira, die *Frau seines Lebens*, kennenlernte. Er nannte sie zärtlich *meine kleine Sirene*. Dieses zarte Wort, das sie nicht verstand, brachte jedoch ihr Gesicht bis zur Wurzel ihrer – für eine Ukrainerin unerwartet hellbraunen – Locken zum Erröten. Aus den nostalgischen Erzählungen Michels kannte sie die *Canebière*, den *Alcazar*, die Badeanstalt von *Endoume*.

Sie träumte von dem Tag, an dem er die sakrosankten Pässe erhalten und sie nach Marseille mitnehmen würde, um dort zu leben. Im Augenblick aber war sie Sekretärin in dem Dienst, in dem ich arbeitete. Sie erklärte mir – ohne sich gegen sie oder sonst jemanden aufzulehnen – die Gründe ihres Schweigens während meiner Debatte, als eine ihre Kameradinnen das Foto von einem Marseille herumreichte, das ihrer Träume nicht würdig war. Vor der Veranstaltung hatten die Komsomolzen des Instituts eine Liste von all denen aufgestellt, die ein Rederecht hatten, sie gehörte nicht dazu.

Oman war ein sanfter Koloss. Er studierte Biologie. Er kam aus *Kartum*. Er erzählte uns von einem Leben im Hinterzimmer des Ladens seines Großvaters, der mit allem handelte. Jeden Tag mussten Sohn und Enkel kommen, um den Alten und seine Freunde zu begrüßen, die Suren aus *dem Buch* kommentierten. Oman besaß eines, ein herrliches, das ihm andächtig von seinem Großvater überreicht worden war. Der Einband war aus gelber Seide und mit vielfarbiger Kalligraphie bedruckt. Der Band, der aus dickem Pergament war, hatte ein Schloss aus Gold. Oman verehrte seinen Koran… wegen seines Tauschwertes. Er hoffte, bei seiner Rückkehr in die Heimat in *Kairo* Halt machen zu können, um seinen Schatz dort auszuhandeln und sich ein Flugticket zu kaufen, damit er zu seinen Vettern nach *London* kommen könnte. Die illegale Einwanderung ist kein neues Phänomen! Er war Kommunist, Oman, und war sogar der Verantwortliche für eine illegale Studentenorganisation gewesen. Seine Farbe isolierte ihn in Moskau. Er traf sich nur mit Ausländern oder *Dissidenten*. Er hatte vor allem Angst, sich dem Restaurant auszusetzen, wo es möglich war, dass Studenten sich an einen anderen Tisch begaben, wenn er sich neben sie setzte. Sein strahlendes Lächeln, sein lebhafter Blick, seine athletische Haltung hatten keinen Moskauer begeistern können. Oman war unglücklich. Er hatte den Rassismus im Vaterland des Sozialismus entdeckt.

Ich ging in das Restaurant im 12. Stock essen, das für die Lehrkräfte reserviert war. Kaviar in rauen Mengen, kleine gefüllte Pasteten im Dutzend und die dreizehnte gratis. Da das Restaurant abends geschlossen war und eine Akademikerin sich nicht herablassen konnte, mit dem *vulgum pecus*[72] zu verkehren, fand ich mein Tablett in meinem Zimmer. Wir aßen üppig zu viert oder fünft, und die Reste, die Vlady der Babuschka schenkte, halfen, dass sie einschlief. Mein Fahrer erhielt auch sein Stück vom Kuchen. Ich reichte es ihm, wenn ich ihn zufällig sah, sonst kümmerte Vlady sich um ihn. Er organisierte für ein Bakschisch, vermute ich, die Tagesausflüge von Mischa, der mit meiner stummen Zustimmung wie alle Chauffeure der Herren noch schwarz Taxi fuhr. Man kolportierte, dass gewisse Privilegierte die Anstifter und Nutznießer von illegalen Wettfahrten ihre Chauffeure waren. Jedem sein sozialer Missbrauch gemäß seiner sozialen Stellung. Sowjetische Übersetzung: *Jedem nach seinen Möglichkeiten.*[73]

Die Franzosen waren sehr begehrt als Glanzstücke aller Feste. Insbesondere die Orientalen schätzten uns sehr. Bevor der Wodka seine Wirkung entfaltete und man zu Gesängen und Tänzen überging, waren die Partys brav. Ein gedeckter Tisch, um den sich die Gäste platzierten. Wir probierten die nationalen Spezialitäten, die man besser finden musste als die des Nachbarlandes. Also insgesamt nichts Besonderes. Es war außergewöhnlich, auf diesen Treffen Russen zu begegnen, die als arrogant gegenüber ihren Vasallen angesehen wurden. Bei den Usbeken traf ich einen Tataren aus Kasan, der Mitglied des Ersten Kreises wurde. Seine imposante Statur gab ihm Sicherheit. Er wollte, dass alle wussten, dass die Kolonisierung in seinem Land weiterging. Er äußerte lauthals seinen Verdruss über die Repressionspolitik, die er von der guten Seite der Bar-

72 AdÜ: gemeines Volk

73 AdÜ: Bei Marx heißt es: Jeder nach seinen Fähigkeiten, jedem nach seinen Bedürfnissen!

riere kannte. Er beschimpfte kaltlächelnd seinen Vater als Aushilfskraft der Russen, den Räubern. Manche fürchteten seine Provokationen, andere fragten sich, ob er nicht ein Agent des Innenministeriums sei, des *MWD*, Nachfolger der Geheimpolizei *GPU*. Im Dezember, nach dem Aufruhr in Suez und Budapest verschwand er. Seine Verhaftung dürfte mit der Organisierung von Empfangssitzungen ausländischer Nachrichten begründet worden sein. Ein sehr verbreiteter Sport.

Radioapparate waren in Lermontow eine Seltenheit. Michel besaß ein altertümliches *Radiola*. Man hörte die *Stimme Amerikas*, manche empfingen Westdeutschland, Volodia übersetzte. Der Erste Kreis hatte Hör-Touren organisiert. Silvio kommentierte, was er von den italienischen Genossen gelernt hatte, die sich in Moskau aufhielten. Seit mehreren Wochen waren die Polen in Alarmbereitschaft. Eine meiner Gefährtinnen vom Institut, die aus *Krakau* stammte, hielt uns über die Revolten in *Poznan* und *Warschau* auf dem Laufenden. Sie bekam ihre Informationen von einem Journalisten, der eine Stelle in Moskau hatte und Parteigänger von Gomulka war, einem der Organisatoren der Rebellion in der KP und in der polnischen Bevölkerung gegen den großen russischen Bruder. Die Zeitung *Le Monde* fand man nicht mehr. Zum Glück traf Gérard, der Sohn eines Geographen, den meine Generation von Gymnasiasten kannte, einen Botschafts-Attaché, der unsere beste Informationsquelle war. Wir wussten, was Frankreich uns mitteilen wollte und konnte.

Die Sowjets begeisterten sich für die Suez-Krise. Sie schimpften über die imperialistische Politik des Westens. Die Analyse war nicht verkehrt, sie war unvollständig. Es gab eine *spontane* Demonstration vor der französischen Botschaft. Ich war dabei. In einem geknebelten Land war eine ungeordnete Menge pikant. Ich fürchtete allerdings, dass mein Gesicht auf den Filmen der Botschaft wiederzuerkennen sei, als ich einige Tage später ein Treffen mit unserem Botschafter hatte.

Ich hatte einen Besuch der Auslands-Sekretärin der Akademie der Wissenschaften erhalten, die mich feierlich informiert hatte, was ich geheim halten sollte, welche Maßnahmen vorgesehen waren, insbesondere in der Stadt, in die sich mein Laboratorium zurückziehen werde, falls die Imperialisten eine Kriegserklärung abgeben würden. Auch wenn ich mir sagte, dass diese Äußerungen ein Gerücht in Umlauf bringen wollten, das für die Intellektuellen bestimmt war, die sich, anstatt für die Verteidigung des Vaterlandes des Sozialismus einzutreten, für die Ereignisse interessierten, die ihre *Schwester*-Republiken erschütterten. Ich bekam es mit der Angst zu tun. Die Botschaften Frankreichs und Großbritanniens waren auch in Aufruhr, was zu meiner Panik beitrug. Man packte Koffer bei den Franzosen. Der Botschafter, ein alter Widerstandskämpfer, war auch in der Bredouille. Da ich mich in der Sowjetunion außerhalb vom offiziellen Rahmen kulturellen Austauschs befand, war ich nicht auf seinem Bildschirm. Die Plätze waren abgezählt. Er fand eine Lösung: Die Frau eines Attachés würde vermutlich nicht aus den Ferien zurückkehren, ich sollte ihren Platz einnehmen. Die Abreise war nicht sicher, aber man bereitete sich darauf vor. Wurde ein dritter Krieg wirklich geplant?

Trotz dieser finsteren Perspektive engagierten sich der Erste Kreis und seine Satelliten im Kampf der Polen und der Ungarn für die *Entschärfung und Entvassalisierung*. Die Zeitungen wurden nicht mehr gelesen, sondern zerpflückt, um ein neutrales Alphabet zu erhalten, mit dem man Berichte und Flugblätter herstellen konnte. Ich schnitt abendelang auseinander. Keine Photokopien, sondern Wandzeitungen mussten es sein. Trotz der riesigen russischen Wälder war die Papierindustrie in der UDSSR nicht entwickelt. Die Knappheit an Papier bewirkte Kontrolle. Der Diebstahl wurde am Geographie-Institut von Michel organisiert. Der Druck fand in den Zimmern der Italiener statt.

Ich konnte die Prosa meiner Freunde nicht lesen, aber

die Freude der Ungarn, Polen, Tschechen und anderer bei der Lektüre entging mir nicht. Einige Beilagen, die ich im Laden kaufte, der für Würdenträger reserviert war, und die ich meinem Akademiker-Abendessen hinzufügte, erfreuten meine Tischgesellschaft zu diesem kleinen Fest besonders, das den Tag feierte, an dem die Zeitungen mehr als 24 Stunden an den Wänden meiner Etage hängen blieben. Während dieser außergewöhnlichen Tage zirkulierten Informationen. In mehreren Fabriken wurde gestreikt. Revolten im *Donetz* und auf der *Krim*. Wahr? Falsch?

Als die Panzer von *Schukow* die Aufständischen in Budapest überfuhren, hörte ich, wie mehrere Studenten vehement ihre Missbilligung äußerten, wobei sie hinzufügten, dass es sich nur um eine Initiative der Armee handeln könnte, die der Partei nicht gehorchte. Die Nachrichten, die wir trotz der geisttötenden Störmanöver hörten, schienen selbst den Aufnahmebereitesten übertrieben. Sie konnten eine solche Brutalität in der Repression nicht glauben. Dabei hatten sie den Bericht gelesen oder zumindest gehört, wie er kommentiert wurde. Selbst Michel, der fanatischste Anti-Sowjet und Anti-Russe, der mir je begegnet ist, zeigte eine gewisse Scham, als er zugeben musste, dass sich die *Sieger von Stalingrad*[74] so verhalten konnten.

Im Verlauf dieser lebhaften abendlichen Feiern lernte ich Alma kennen. Als ich sie 1966 bei Isabelle Vichniac wiedertraf, die damals Korrespondentin der *Monde* in *Genf* war, trug sie den Schal, den ich ihr zehn Jahre zuvor geschenkt hatte. In Genf wurde sie von ihrem Mann begleitet, einem Schweizer Journalisten. Sie waren sich in Bulgarien begegnet. Mehrere Jahre brauchte es, bis sich ihre Liebe in einer Ehe bestätigte, und noch einige weitere, bis die Gattin sich zu ihrem Ehemann an den Ufern des Genfer Sees begeben konnte.

74 AdÜ: Schukow war der Generalstabschef der Roten Armee vor Stalingrad.

In Paris geboren war sie dort auch auf die kommunale Schule gegangen. Eines Morgens brachten ihre Eltern sie zum Flughafen *Bourget*, wo sie das Flugzeug nach *Sofia* mit ihrer Mutter nahm – ohne ihr vorher Bescheid gesagt zu haben. Ihr Vater flog nach Moskau. Sie war neun oder zehn. Sie kam in eine Klasse, ohne die Unterrichtssprache zu kennen, stattdessen verstand sie jedoch, dass sie ein Eindringling war. Sie lernte Bulgarisch. Ihr Vater tauchte plötzlich auf. Dann verschwand er wieder jahrelang. Als er aus Sibirien zurückkehrte, nahm die bulgarische Partei sich ihrer an und machte aus ihr eine Privilegierte, deren Studien in Lermontow sie finanzierte. Sie war schön, traurig, verängstigt, rebellisch, verlassen. Meinen Schal fand sie großartig wie alles, was aus Frankreich kam, ihrem Land. Das nostalgische Paris. Man spielt Himmel und Hölle auf dem Fußweg, die Polizeibeamten fahren mit dem Rad, das Baguette ist gut, Honig und Milch fließen im Übermaß. Sie sagte zu Michel:

*Wir, die wir von der Hölle des Kapitalismus deformiert wurden, da könnten sie auf die Idee kommen, uns zu bestrafen, indem sie uns zurückschicken.*

Sie wurde erhört.

Als Übersetzer 1950 in Warschau auf dem Kongress der Friedensbewegung war Sascha Tillon begegnet, der damals Präsident der französischen Sektion war. Da er vage wusste, dass die Partei ihn wegen schwerer Fehler sanktioniert hatte, fragte Sascha mich: *welche*? Vor meiner Antwort bemerkte er: *Er dürfte eine These der Komintern widerlegt haben.* Der Festungsbau war nicht ohne kleine Bruchstellen.

Ich erinnere mich an einige der zahlreichen Witze, die vom Ersten Kreis kolportiert wurden.

Eine gut fünfzig Meter lange Schlange vor einem Laden. Teile sind angekündigt worden, aber niemand weiß, um welche Ware es sich handelt, nur dass es sie geben wird. Nach mehreren Stunden verkündet man, dass die Lieferung sich verspätet. Man zittert vor Kälte, aber man wartet. Die Partei schreitet ein. Ein Verantwortlicher erklärt: *Diese Unannehmlichkeit ist Schuld der Juden und der Radfahrer.* Der Chor antwortet: *Warum die Radfahrer?* Eine Bestätigung des herrschenden Antisemitismus, obwohl er von meinen Freunden bestritten wird.

Vor einer Bäckerei. Diesmal keine Schlange, Brot für alle. Kommentar: *Die Ernte war dieses Jahr fantastisch im Minnesota.*

In Prag. Eine alte Bäuerin hat sich in der Stadt verlaufen. Sie ist mit ihrem Sohn am Flussufer verabredet. Sie findet die Treppe den Hang hinunter nicht. Ein liebenswürdiger junger Polizist spricht sie an: *Was suchen Sie, Großmutter? – Ein Mittel um ans Ufer der Moldau zu gelangen.* Der junge Mann ist perplex und konsultiert vergeblich seinen ganz neuen Stadtplan. Er bittet die Großmutter mitzukommen, um seinen Vorgesetzten zu fragen. Der murrt bissig: *Die Genossin meint bestimmt die Moskwa.*[75]

Ein letzter. Es ist Tauwetter, die Partei mausert sich. Die Woche des Lächelns und der Höflichkeit ist dekretiert worden. Wir sind auf einer Versammlung in einer *Abteilung* (Viertel) der Hauptstadt. Die Verantwortlichen der Partei erklären den aufmerksamen Aktivisten die Gründe für dieses Charme-Unternehmen. Plötzlich niest jemand. Der Sekretär unterbricht seine Rede: *Wer hat geniest*? Schweigen. Der Conférencier wiederholt erfolglos seine Frage. Auf seinen Befehl hin erschießen die Wachen die erste Reihe mit dem MG. Vom Hatschi bis zum Tatatatatatatata bleiben nur noch einige Plätze hinten im Saal besetzt.

---

75 AdÜ: Die Moldau fließt durch Prag und die Moskwa durch Moskau.

Der Mann, der geniest hat, hebt schüchtern seinen Finger:

*Ich bin's...*

*Gesundheit, Genosse.* Und die Rede wird lächelnd fortgesetzt.

All diese realistischen und manchmal auch bebilderten Übertreibungen sind mit Matrizen vervielfältigt und in den Garderoben mehrerer Fakultäten verteilt worden. Dem Ersten Kreis gelang es trotz minutiöser Nachforschung nicht, die Urheber dieser Leistung herauszufinden.

## Letzte Kontakte

Klein, dunkelhaarig, etwas rund – sie wirkte immer, als käme sie gerade aus dem Bad. Nina lächelte die ganze Zeit. Ihre kommunikative Fröhlichkeit besaß die Engelhaftigkeit von Novizinnen eines Klosters. Als Mitglied der französischen KP kannte sie die gesamte Prominenz des 5. und 6. Bezirks von Paris und durch ihren Ehemann auch die Kulissen der Zeitschriften *Lettres Françaises* und *La Nouvelle Critique.* Ich schlug ihr vor, meine Übersetzerin zu sein, wenn mein Ausflug sie interessierte. Sie begleitete mich oft, weil alles Sowjetische für sie eine Quelle des Entzückens blieb.

Wir waren in einer Modell-Kinderkrippe. Kleine Mädchen und kleine Jungen in Uniform spielten mit ihren Erzieherinnen. Eine Gruppe von Kindern bildete einen Kreis, der die Leiterin umzingelte. Sie spornten sich gegenseitig an. Nina war glücklich, dass die kleinen Bolschewiken so fröhlich waren, und übersetzte: *Du hast eine Judenbluse, hast eine Judenbluse.* Die gerührte Direktorin erklärte: *Das ist wegen des Tintenflecks auf der Tasche meiner Bluse... – Sie sind wirklich süß* kommentierte Nina. Sie verstand mein erzürntes Staunen nicht und begriff meine Weigerung nicht, den extra für uns vorbereiteten Imbiss gemeinsam mit dem Personal der Krippe einzunehmen. Sie insistierte: *Das sind kleine Kinder.* Nina ist Jüdin. Einer ihrer Briefe, den ich zehn Jahre später erhielt, als ich im Gefängnis war, beschrieb ihren Weg zur Ent-Seligkeit. Sie sagte, dass sie ihre ersten Schritte dorthin mit dem Ersten Kreis gemacht habe.

Es war an einem Sonntag, als ich mit Sascha und Helena, seiner Frau, nach *Zagorsk* zurückkehrte. Mein erster Besuch mit Jo und den Gastaut reizte mich nicht, noch einmal dorthin zu gehen, ich tat es ihnen zu Gefallen. Zu diesem Zeitpunkt waren die Gebäude umschlossen von Gerüsten. Der orthodoxe Prälat, der zu unserer Begrüßung kam, begleitet von einigen munteren Pope-Anwärtern, ging voraus. Als wir uns bereit machten, in die Kirche hineinzugehen, wurde eine Pause mit Hornklang angekündigt. Die Arbeiter stiegen von ihren Leitern. Eine kleine Katze lief dort vorbei, der erste warf einen Stein nach ihr, der zweite einen größeren, und wir waren Zuschauer der Tötung eines kleinen Tieres durch drei entfesselte Männer. Vor den gleichgültigen Geistlichen machten sie aus dem Kadaver ihren Fußball. Barbarische Niederungen im Flirt mit dem mystischen Ungestüm der russischen Seele. Das Russland von einst. Der Schnee hatte dann die Blutspuren der Grausamkeit bedeckt, ich konnte die Goldkuppeln im milchigen Himmel besser wertschätzen.

Wir kamen immer tiefer ins Landesinnere am Rand eines gefrorenen Baches. Vereiste Zweige der Büsche streiften unsere Mützen. Nach einem Marsch von einer Stunde machte Sascha uns ein Zeichen zu schweigen. Das Schauspiel war verblüffend. Auf dem anderen Ufer etwa dreißig Frauen, die nackt im Schnee standen, flehten zu ihrem Gott. Sie hoben ihre Arme gen Himmel und begannen einen gemurmelten Gesang, den sie mit Schreien punktierten. Von Zeit zu Zeit warf sich eine von ihnen in den Schnee, wälzte sich in ihm, und nachdem sie einen Schal über ihrem Kopf geschwenkt hatte, zerbrach sie das Eis auf dem Bach für Waschungen. Es waren außerdem Kinder dort in einer Ecke, auch sie nackt. Das Finale war nah, die Kinder näherten sich dem Wasser, die Frauen nahmen sie bei der Hand, eines nach dem anderen wurde untergetaucht. Eine Sekte. Sascha zufolge eine Taufe von Katholiken, die die Riten vergessen hätten. Ich bezweifle das. Es gab überhaupt kein christliches Symbol, kein Kreuz und nur Frauen und Kinder. Selbstverständlich waren solche Zeremonien verboten. Helena kannte sie, sie war irgendwo dort in der Nähe geboren. Man musste das Geheimnis für sich behalten, das in der kleinen Stadt Zagorsk keines war. Sie lebte von religiösem Kitsch. Heute in Russland läuft das Bad der Sekte Gefahr, als folkloristische Erinnerung für Touristen ausgebeutet zu werden.

Sascha begleitete mich auch, dann jedoch offiziell, zu einem herrlichen Anwesen inmitten eines auf italienische Art gestalteten Parks, ungefähr 50 Kilometer von Moskau. Die mit der Sauberkeit der Alleen Beauftragten säuberten die Bänke und stürzten mit einem Kissen hinzu, sobald ein Spaziergänger mit einem verabredeten Zeichen ankündigte, dass er sich zu setzen wünschte. Hinten im Park führte ein mit Weiden bepflanzter Bereich zu einem Kiosk mit zarten Marmorsäulen, zu dessen Einweihung man angeblich eine junge russische Truppe *Coppélia*, das Ballett von *Delibes*, tanzen sehen konnte. Wir waren in einem der Tempel der Nomenklatura: ein Sanatorium (Synonym: Residenz), das den Akademikern vorbehalten ist. Man war dort nicht krank, man kam sich auszuruhen, um den Kollegen zu zeigen, dass man das Ticket erhalten hatte, den *Propousk*, den Bonus-Punkt gewissermaßen. Die Langeweile umnebelte alles, was man in diesem wunderbaren Anwesen hätte bewundern können, wo wir noch vor zwei Jahrhunderten *Natascha* und *Boris*[76] hätten begegnen können. Ich hatte die Einladung nicht ablehnen wollen, als ich begriff, dass ich in ein Heiligtum der High Society der Partei eingelassen wurde. Zu meiner Ehre gab es ein Gala-Mittagsmahl. Unter dem goldenen Glanz Champagner, Wodka und Wein aus *Bordeaux*. Die Damen prüften den Stoff meines Kleides mit der Hand, fragten nach dem Preis meiner Stiefel und machten sich verbissen dran, ihn in Rubel zu übersetzen. Es mangelte an nichts: Friseur, Bars, Rauchsalons, Billard und Schach-Saal, Kino, Sauna, Turnhalle… doch, es fehlten die Gespanne vor der Freitreppe. Wir kamen nachts nachhause. Sascha ließ das Auto anhalten und forderte mich auf, trotz der Kälte auszusteigen.

*Genau hier war es, dass ein Komsomolze den Panzer stoppte, der nach Moskau eindringen wollte, indem er mit ihm in die Luft flog. Die Geschichte bestätigt, dass sein Opfer den Vormarsch der Armeen Hitlers stoppte.*

76 AdÜ: aus Krieg und Frieden von Tolstoi

Am Morgen hatte keiner der beiden Akademiker, ein Armenier und ein Ukrainer, die uns begleiteten, gedacht, dass ich bewegt sein könnte, wenn ich mich auf der Landstraße von *Volokolamsk* befinde.

## Die beiden Volodia

Volodia, der wie James Dean aussah, gelang es selbst mit Schapka und Fausthandschuhen nicht, unbemerkt durch die verdrießliche Eintönigkeit der moskowitischen Menge zu kommen. Er war ein amerikanischer Russe oder umgekehrt. Er war auch ein bisschen französisch und der Neffe des Schriftstellers Vladimir Pozner. Sein Vater, den er verehrte, hatte sich in Hollywood aufgehalten. Während der *McCarthy*-Zeit wurde er als russischer Spion bezeichnet. Der kleine Amerikaner Volodia steckte Schläge und Blessuren von den Schulkameraden ein. Die Mutter flüchtete sich in die sowjetische Botschaft. Volodia lernte Russisch und tauschte *Icecream* gegen *Maróschynaje* und bekam bald Schläge, weil er kein waschechter Russe war. Die Familie zog nach Berlin, ins Vorzimmer von dem großen Land, das sie wiederzufinden wünschte. 1956 lebten die Eltern immer noch in Deutschland. Volodia, perfekt dreisprachig, hoffte, dass die Entstalinisierung eines Tages in Berlin ankommen würde. Er begrüßte das Tauwetter, doch fürchtete er eine Rückkehr des Knüppels.

Durch ihn bekam ich Zutritt zu Milieus, die für Nicht-Initiierte verboten waren. Zu Malern, die in Küchen ausstellten, zur Korrespondentin der *Stimme Amerikas*, die einen verfemten Dichter beherbergte, und vor allem zu dem Paar in der Küche, dessen Bett Volodia seit einem Jahr jeden Abend aufstellte. *Igor* war Filmemacher, seine Frau hatte er in den Studios der *Mosfilm* kennengelernt, sie war Cutterin. Sie waren jung, das war in den dreißiger Jahren. Igor entging den Razzien nicht. 1938 wurde er deportiert. Als ich ihn kennenlernte, hatte er sechzehn Jahre Sibirien in seinem Lebenslauf. Sein Widerstand, über diese Jahre zu sprechen, erstaunte mich nicht, ich hatte genügend Freunde, die aus den Nazi-Lagern zurückgekehrt waren, um zu wissen, wie schwierig es für die Überlebenden ist, über eine Erfahrung zu sprechen, von der sie wissen, dass sie Unschuldigen nicht vermittelbar ist. Lydia überragte ihren Mann um einen Kopf. Wie er redete auch sie wenig. Sie überlebte drei Jahre lang, indem sie die Flure der *Mosfilm* fegte, bis ein Kapo bemerkte, dass diese Arbeit für die Frau eines Volksfeindes zu angenehm war. Während des Krieges strandete sie in einer Kolchose, die sie beim Nahen der Deutschen verließ, um sich ohne Dach in dem belagerten Moskau wiederzufinden. Nach dem Krieg lebte sie von allem Möglichen dank der Untergrundsolidarität.

Sie mussten ganz von vorn anfangen. Und Stalin hatte Lust, sich einige Juden zu holen. Es gab das Komplott der *Weißen Kittel*, das die Keller der modernen Tscheka mit gefährlichen Elementen füllte, die mit dem internationalen Zionismus verbunden seien, darunter Igor. Eines Abends erinnerte er uns an seine Knastgefährten. Die Namen, die mir nichts sagten, kannte jedoch der andere Gast, ein Journalist der *Humanité*. Noch nicht völlig entgiftet wartete ich auf den Artikel, der von dem Treffen erzählen sollte. Vergebens! Der Journalist schwieg. Dieser Feigling, *Francis Cohen*, hatte das junge Mädchen, das ich 1942 war, würdig befunden, eine französische Komsomolze zu sein. Er war, ich sagte es schon, mein *Anleiter*, derjenige, der nach einem Verhör im Namen der kommunistischen Partei geurteilt hatte, dass ich aufsteigen konnte zu einer Verantwortlichen für Organisatorisches, sei es auch unbedeutend, in der Untergrundorganisation der *Jeunesses communistes*, die sich für den Kampf gegen den Besatzer engagierte.

Mischa, mein Fahrer, der eigentlich kein hingerissener Anhänger der Stachanow-Bewegung[77] war, hätte nicht verstanden, wenn ich mich verdrückte, sozusagen. Welche Ehre! Er war stolz, mich hinzufahren, mindestens zwei Stunden vor Beginn der Feierlichkeiten. Mein Platz war angegeben: dritte Querreihe rechtsaußen. Ich war gar nicht weit vom Präsidium.

---

77 AdÜ: zur Steigerung der Arbeitsproduktivität

Malenkow, Bulganin, Chruschtschow, die anderen erkannte ich nicht.

Sieben Stunden im Stehen, um mit der *Akademie der Wissenschaften der UDSSR* beim Militärdefilee anwesend zu sein, um das *Gedenken an die Oktoberrevolution* zu feiern, die für mich kein Sirenengesang mehr war. Bevor mein Hirn so erfroren war wie meine Füße, kalkulierte ich (dabei mehrfach neu beginnend) die Zeitverschiebungen, die bewirkten, dass ich dort die Oktoberrevolution im November feierte.

Im Fernsehen dauert das zwei Minuten, der Fernsehzuschauer kann sich nicht vorstellen, welche Zerreißprobe es für die Zehen bedeutet.

Ihr Pech!

Sie brauchte nur nicht hinzugehen.

## Kinder

Meine Liebe zu Jo verstärkte sich 1949 noch mit der Geburt von *Jean Henri*[78]. Dann kam *Gilles*. Jo wünschte sich ein Mädchen, das später folgte: unsere kleine *Myriam*. Mit Höhen und Tiefen war unser Familienleben glücklich.

Unsere Beziehung charakterisierte sich durch das intellektuelle Einverständnis, wobei ich die nicht immer folgsame Schülerin war.

Das Mittelmeer trennte uns, ohne unsere Freundschaft anzutasten.

---

78 AdÜ: Jean-Henri Roger, französischer Filmemacher und Hochschullehrer für Film, hat mit Godard zusammengearbeitet und verstarb 2012.

# Nachwort des Übersetzers

Vor wenigen Jahren kam Thomas Pfaff, ein befreundeter Journalist, in unsere Redaktion und erzählte begeistert von seiner Begegnung mit Anne Beaumanoir. Er hatte sie auf einem Bildungsurlaubs-Seminar von *Arbeit und Leben Herford* über die Résistance gegen die deutsche Besatzung im Zweiten Weltkrieg erlebt. Er legte mir nahe, ihr Buch ins Deutsche zu übersetzen, weil sie so lebendig aus ihrem Leben erzählt hatte. Das geschah im Departement Drôme in Südfrankreich. Dort lebt Anne in ihrem kleinen verzauberten Haus nahe Dieulefit, jedoch nur die halbe Zeit. Die andere Hälfte verbringt sie in der Bretagne, aus der sie gebürtig ist. Der Stammbaum ihrer Familie ist alt, doch kommt sie aus bescheidenen Verhältnissen.

So hat sie mich auch völlig unkompliziert zu sich eingeladen, damit wir ihr Buch besprechen konnten, hat ein schmackhaftes Essen gekocht und mir ein Nachtlager bereitet. Wir haben viele Stunden über ihre Erfahrungen und unsere Gemeinsamkeiten gesprochen, denn auch mich hat der deutsche Faschismus nachhaltig beeinflusst, auch wenn ich erst zwei Jahrzehnte nach Anne auf die Welt kam.

Am nächsten Morgen hat sie uns in ihrem Auto zügig nach Montélimar gebracht, wo sie in der Aula drei Konferenzen von zwei Stunden für jeweils drei Schulklassen vom Collège gegeben hat. Von morgens um 10 Uhr bis zum späten Nachmittag. Vierundneunzig Jahre alt, vielleicht 160 cm hoch, leicht gebeugt, aber voller Erwartung stand sie vor dem jungen Publikum mit ihrer PowerPoint-Präsentation und hat die Kinder dank ihrer Energie fesseln können. So hatte sie auch Thomas Pfaff und die anderen Teilnehmer des Seminars fasziniert, das seit einem Jahrzehnt in Dieulefit stattfindet. Das ist ein besonderer Ort, denn dort wurden mit Wissen der Bevölkerung (einschließlich des Bürgermeisters) jüdische Familien, Kinder und Jugendliche versteckt, ohne dass eine einzige Person denunziert wurde.

Es ging und geht Anne bei allen Veranstaltungen um ihre persönlichen Erfahrungen im Widerstand gegen den Faschismus, natürlich, und ihr Engagement richtet sich ungebrochen und voller Emotion gegen Nationalismus, Rassismus und religiösen Fundamentalismus.

Ihre Erinnerungen hat sie erst 2009 mit 86 Jahren aufgeschrieben, und auch im Gespräch mit mir spürte ich, wie nah die Vergangenheit ihr noch ist. Für viele Personen hatte sie vor zehn Jahren Pseudonyme gewählt, weil sie noch lebten. Das haben wir in meiner Übersetzung verändert. Auch gibt es einzelne Passagen, die von Anne erweitert wurden und deshalb präziser sind als im französischen Original. Das betrifft insbesondere die Rettung der jüdischen Kinder vor der Verhaftung, für die Anne und ihre Eltern als „Gerechte unter den Völkern“ von Israel geehrt wurden.

Die Auseinandersetzung mit Anne hat mir ermöglicht, ihre Erinnerungen in der zeitlichen Abfolge neu zu ordnen. Am Beginn steht deshalb jetzt ihr Elternhaus, das Fundament von Liebe, Freiheit und politischer Klarheit, auf dem Anne wachsen und auf das sie sich immer verlassen konnte.

Anne Beaumanoir hat ein phänomenales Gedächtnis, und viele Situationen sind ihr so präsent, dass sie sie lebendig und fast wortwörtlich wiedergeben kann.

Sie hat nach dem Krieg 13 Jahre in Marseille mit ihrem Mann gelebt, hat zwei Söhne und Enkelkinder. Ihre Tochter ist früh an Krebs gestorben. In ihrem Untergrund-Kampf für Algerien wurde sie verhaftet und verurteilt, konnte fliehen, durfte jedoch drei Jahrzehnte lang nicht nach Frankreich zurück. Als Medizinerin hat sie 25 Jahre bis zur Verrentung die Neuropsychiatrie einer Genfer Klinik geleitet.

Band 2 ihrer Erinnerungen, der 2020 erscheinen wird, betrifft ihr Engagement für die Befreiung Algeriens aus der französischen Kolonialherrschaft und den Aufbau des Gesundheitswesens in einer neuen Gesellschaft mit Präsident Ahmed Ben Bella von 1956 bis 1965.

Gerd Stange März 2019

## INHALTSVERZEICHNIS


Kindheit Seite 7

Résistance Seite 29

Im Untergrund Seite 43

Die Partei Seite 125

Moskau Seite 159

Nachwort des Übersetzers Seite 201

Aus unserem Verlagsprogramm

Gerd Stange fordert wirkliche Demokratie, in der nicht eine Elite (Parteimitglieder und Lobbyisten) die Politik undemokratisch beherrscht und der Wirtschaftsbereich nicht einmal den Anspruch hat, demokratisch zu sein. Dabei strukturiert „die Wirtschaft" unser Leben und bestimmt die Politik. Mit aller Gewalt versucht sie, die Arbeitsgesellschaft zu verewigen, deren Grundlagen sie selbst durch Maschinen abgeschafft hat. Nur die Erfindung immer neuer Bedürfnisse hält die Schornsteine am Rauchen, und das Millionenheer von Arbeitslosen diszipliniert die Lohnarbeiter. Der Preis dieser Wirtschaft ist rücksichtslose Ausbeutung von Mensch und Natur, maßloser Reichtum, Krieg und Elend. Wenn wir das herstellen, was wir brauchen, müssen alle nur noch 2 Stunden täglich arbeiten. Gerd Stange entwirft eine Demokratie, die von unten aufgebaut wird und nicht mehr den lebenslangen Arbeitskampf ums Dasein propagiert: Basisdemokratie. Sie beruht auf Gemeingütern und Autonomie. Der Entwurf einer neuen Verfassung beschließt den Essay.

Als Franco 1936 mit Teilen des Militärs gegen die junge Republik putschte, war es das Startzeichen für Arbeiter und Bauern, für Frauen, Männer und Jugendliche, eine andere Ordnung zu erschaffen: Sie kämpften nicht nur gegen den Faschismus, sie übernahmen Ländereien, Fabriken, staatliche Betriebe, Cafés, Hotels und Friseursalons, taten sich in Kollektiven zusammen und organisierten die Arbeit und das Leben ohne Herren und Meister. Diese – anarchistische – Revolution ist beispiellos.

Sie starb nicht an ihren eigenen Fehlern, sondern wurde gezielt vernichtet von der organisierten Macht der Stalinschen Kommunisten. Stalins Politik akzeptierte den Faschismus eher als eine freiheitliche Gesellschaft.

Die 500 000 Flüchtlinge, die Ende Januar 1939 über die Pyrenäen an die französische Grenze strebten, wurden unterschiedslos vom französischen Staat wie Kriminelle behandelt: Sie wurden an den nackten Stränden Roussillons hinter Stacheldraht gesperrt, Sand, Wind und Kälte ausgesetzt.

Die Strände sind heute für die Touristen reserviert, aber es regt sich seit einigen Jahren (erst) die Erinnerung. Die Kinder der Geflüchteten haben sich zusammen getan: FFREEE ist ihre Organisation, die im Namen trägt, wofür ihre Eltern einst gekämpft haben.

Achevé d'imprimer en Septembre 2025 sur les presses de
Imprimerie Clément - 30120 Le Vigan

Impression certifiée IMPRIM'VERT® le label des imprimeries respectueuses de l'environnement